U0520515

员工必修课

社員稼業

[日] 松下幸之助 著

赵晓明 译

图书在版编目（CIP）数据

员工必修课 /（日）松下幸之助 著；赵晓明 译 . —北京：东方出版社，2024.8
ISBN 978-7-5207-3925-2

Ⅰ .①员… Ⅱ .①松… ②赵… Ⅲ .①企业—职工—职业道德
Ⅳ .① F272.92

中国国家版本馆 CIP 数据核字（2024）第 077012 号

SHAIN KAGYO By Konosuke MATSUSHITA
Copyright © 2014 PHP Institute, Inc.
All rights reserved.
First original Japanese edition published by PHP Institute, Inc., Japan.
Simplified Chinese translation rights arranged with PHP Institute, Inc.
through Hanhe International (HK) Co., Ltd.

本书中文简体字版权由汉和国际（香港）有限公司代理
中文简体字版专有权属东方出版社
著作权合同登记号 图字：01-2023-5085 号

员工必修课
（YUANGONG BIXIUKE）

| 作　　者：[日]松下幸之助
| 译　　者：赵晓明
| 责任编辑：刘　峥
| 出　　版：东方出版社
| 发　　行：人民东方出版传媒有限公司
| 地　　址：北京市东城区朝阳门内大街 166 号
| 邮　　编：100010
| 印　　刷：北京联兴盛业印刷股份有限公司
| 版　　次：2024 年 8 月第 1 版
| 印　　次：2024 年 8 月第 1 次印刷
| 开　　本：787 毫米 ×1092 毫米　1/32
| 印　　张：7
| 字　　数：90 千字
| 书　　号：ISBN 978-7-5207-3925-2
| 定　　价：68.00 元
| 发行电话：（010）85924663　85924644　85924641

版权所有，违者必究
如有印装质量问题，我社负责调换，请拨打电话：（010）85924602　85924603

前言

迄今为止，我曾受人委托在各种场合多次给年轻人做演讲，不少人呼吁将这些演讲的内容汇编成书。因此，我从之前给年轻人，特别是给就职于企业、活跃于商界的年轻人讲过的话中精选了若干内容整理成本书。

可能大家对"自主责任经营"一词不太熟悉，这是我之前给松下电器员工讲话时用到的一个词，也是本书中的一个重要概念。其含义，本书开头部分会作详细阐述，简单概括就是，在公司工作的员工应认识到自己不只是公司的一名雇员，更是独立经营"员工"这一事业的主人公和经营者，自己是独立经营的老板。

基于这样的想法，员工为了把自己的事业经营好会萌生各种创意，下足各种功夫，全身心投入工作。这样一来，就不会拘泥于每个月拿固定工资做特定工作的打工者思维，就能在工作中度过愉快而充满价值的每一天。如果能把自己当成自主责任经营的老板，上司和同事就都成了自己的客户或生意伙伴。对这些客户，需要时刻秉持服务意识。为了让客户购买自己的商品，必须提出富有创意的方案，还要以真挚之心向客户进行推介。如果能得到认可，那么自己的店铺、自己的事业就会得到发展。这一发展不仅限于员工本身，整个公司以及社会都会随之受益。所以，贯彻自主责任经营，对员工自身、对公司、对社会都是非常有益的。正是基于这样的考虑，我才提出了"自主责任经营"这一说法。

希望现在已经就职于企业、活跃于商界的年轻人，以及今后即将步入社会的年轻人都可以全力投入工作，享受工作的乐趣，感受到人生的价值，度过更好的一生。

希望本书能为这样的年轻人提供一些参考。

松下幸之助

自 序

何谓自主责任经营

在当今的产业界，中小企业数量居多。如今在日本，从全国的比例来看，中小企业的重要性也超过了所谓的大型企业。可以说，中小企业是日本社会的基础和中心，大企业的运营也是建立在此基础之上的。因此，日本存在众多中小企业这样的独立经营实体，也是众人皆知的现实情况。

但是，现在的情况跟过去相比又不尽相同。放在过去，拥有一两百名员工的企业都是无法想象的。即使是江户时代最繁荣的时期，三四十人规模的批发商已经称得上是响当当的大企业了。甚至可以说，当时整个国家都是由小规模的经营实体构成的。

随着产业发展、科技进步、生产规模不断扩大，最终出现了不少拥有一两万名员工的大企业，这也证明了社会在不断发展进步。我认为这一趋势未来还将持续，而且会越发明显。

考虑到这一事实，再来看今天即将跨出学校大门的优秀学生以及其他高素质的优秀人才，其中肯定会有不少人进入中小企业或者自己创业，但是大部分人还是希望进入大企业工作，这也是一个不可否认的事实。

进入大企业后大家会发现，大企业里有很多人，但经营体只有一个。也就是说，大企业的员工，大部分都是只负责自己的一摊业务，其中只有一小部分能坐到经营者的位置。当然，不管是员工还是某领域的负责人，他们都能通过自己的岗位实现个人价值。但不可否认的是，其中大部分在考虑问题的时候都会限定在自己所负责领域这一框架之内。我觉得这里就会出现一个问题。

我们公司从很久之前起就将内部工作划分为不同业务领域独立经营了。之所以采取这样的管理方式，也正是基于前文的见解。我希望各位员工能尽可能地站在经营者的角度思考问题，这样才有助于他们实现自我人生价值，体会更丰富的人生百味。也就是说，一方面为促进公司发展，一方面为促进员工自身成长，使其具备经营者思维，我们在公司尚未达到大型规模的时候起已经开始采用事业部制度、独立核算制度。即便如此，也很难让全部员工都成为独立的经营者，或者即使未完全独立也可以靠自己的能力来推动工作。

基于这种情况，我想跟大家说的就是，当今的公司员工，完完全全按照公司员工的标准来考虑问题，从某种程度上来说已经算是达标。但是仅达到公司员工的标准还远远不够，接下来我想跟大家讨论能不能有这样的想法，以及这样的想法是不是正确。

这一想法具体指每一位公司员工都能将自己当作自主责任经营的主人公和经营者。从整个社会来看，自己的工作只是当一名公司职员，但是实际上自己是职员这一事业的经营者。大家是否能将这一想法贯彻到底呢？我认为有没有这样的想法会带来很大的不同。

当今社会，开展独立经营的人数不胜数，经营的状态也各不相同。无论什么样的经营者，都在按照各自的独特风格独立自主地开展各种形式的经营。不管是乌冬面店老板，还是荞麦面店老板，甚至是路边面点摊的老板，大家都在独立经营。也就是说，他们独自完成工作，每一个人就是一个独立经营体，他们将自己的心血和汗水注入工作，视之为自己的事业，以经营者的眼光看待事物、判断是非。但是，在公司工作的工薪阶层或者说打工人，很少有人能做到这种程度，即使有也是凤毛麟角。大部分的人都只是在做一名职员，也就是只管把分配给自己的活儿完成了事。

如果在此基础上更进一步，就是把自己当作在公司这种微型社会中从事自主责任经营的独立经营体，也就是说抱着自主责任经营的态度来看待事物、进行判断。我希望大家积极思考自己能否尝试着这么思考问题，以及这么做是否正确。

如果能够做到这一点，我认为没有人会满足于仅仅做完领导交代的工作。如果自己是夜间出摊的面铺老板，那他一定会自己主动思考怎样才能卖出乌冬面，决定要不要到河边人多的地方出摊儿，招呼客人来吃面。此外，他还要亲自品尝当天的汤汁判断味道如何，尝尝汤汁的咸淡来决定是否需要调整。

幸运的是终于来了第一位客人，面铺老板亲手将乌冬面递给客人的时候，问候的第一句话肯定会是"今天的面条味道如何"。即便自己对面条的味道信心十足，也会再自然不过地征求顾客的意见。如果连客人的评价都懒得一问，那这样的面铺老板对自家的商品一定是漠不关心的。相反，如果是对自己的生意非常上心，一定会关心刚烧好的汤汁味道如何、煮出来的乌冬面是否筋道，以及客人对乌冬面的味道是否满意。如果能得到客人的肯定，摊主会觉得安心，今后也可以继续放心地按照相同的方法制作。我认为，只有这样的努力才能带来自主责任经营的成果。如果身在公司的员工也想实现自主责任经营，做法与此大同小异。

"这是我自己的生意，我是公司里自主责任经营的主人公，这就是我家的事业，或者说这就是我自己的事业。这就是我在公司存在的意义。"如果各位能够在工作中贯彻这样的想法，那么头脑中自然而然就会产生各种灵感火花，一种超乎想象的力量将涌现。

假设大家是商社职员，那么一名商社职员的分内工作此时就是你正在经营的事业，作为老板，大家会想方设法地让自己的业务发展得更好。如此一来，大家就突破了打工者得过且过的局限性。假设大家是电话接线员，此时你的事业就是转接电话。当你出色地完成了此项工作，顾客会高兴地感谢你，你从中感受到工作的乐趣，进而把工作做得更好。在这种经营事业的过程中你体会到了工作的尊严。

如果大家把自己当作自主责任经营的店主和主人公的话,周围的每一个人,无论是上司还是同事就都成了你的客户。大家去购物的时候,店员每次向顾客介绍商品,都会客气地说"承蒙您多次光顾,您觉得这个商品怎么样""请您这边坐,我给您介绍一下",等等。既然上司和同事都是自己的客户,那么我们在平时的工作交往中也应该做到像店员对待客户一样的程度。

在公司工作的各位,如果也站在这样的高度开展工作会怎么样呢?各位不仅仅是每个月拿工资的打工人,而要把工作当作自己的事业做,通过自己的事业获得报酬。如果这么诠释的话,是不是自己的重要性就更能体现出来了。

这样一来,在工作中不断提出自己的创意和想法,将这些创意和想法"推销"给同事、科长、部长这些"客户"。"推销"的时候一定还要努力介绍:"这个非常棒,对你一定会有用。"

"真有那么好吗？"

"是的，一定会有用的，还请务必采用。"

像这样用诚心诚意的态度来对待后辈、同事以及上级。

"那就试着用用看吧。"

你的创意就这样最终得以被采纳，自己的自主责任经营逐渐发展壮大。这样的发展不仅对自己有益，还会惠及整个公司。然后再通过公司，进而促进整个社会发展。

如果大家都能保持这样的心情，那工作的痛苦自然而然就会消失，感受到的只有工作的喜悦和看到自主责任经营成果后的欣慰，甚至会忘记时间的流逝。即使达不到这样的完美状态，至少可以让工作更有趣一些，烦恼更少一些。

希望每一位在公司工作的员工，都可以问一问自己是否能做到员工自主责任经营，只要拥有自主责任经营的主人公心态，一定会变成令人羡慕的样子。

目 录

第一章 如何实现人生价值 / 001

永葆青春的秘诀 / 002

温柔看待万物 / 005

如何选择合适的人才 / 008

你的人生价值是什么 / 011

做自己人生的规划师 / 014

尽人事,听天命 / 017

任何人都有自己的人生价值 / 021

理想的男性形象 / 025

理想的夫妻 / 027

社会是塑造人的熔炉 / 030

素直之心的初级阶段 / 032

当今正是实现人生价值的时代 / 036

作者寄语

尽人事，听天命 /039

什么是素直之心 /041

第二章　激情使人永远年轻 /043

做好充足的思想准备 /044

责任意识 /048

企业是社会公器 /052

前辈也有各种性格的人 /054

最难得的客户类型 /056

知晓人性的弱点 /061

学会用领导 /066

坚持说真话的信念 /069

敢于提出自己的建议 /073

有热情事竟成，热情开拓道路 /075

作者寄语

最难得的客户类型 /078

责任意识 /080

目 录

第三章　要有股子心气劲儿　/ 083

小孩子才吵架　/ 084

员工第一课　/ 087

要有"我就是社长"的心气劲儿　/ 092

因材施用　/ 099

独善其身不等于天下太平　/ 103

直面困难，积蓄力量　/ 109

开拓方能改变命运　/ 115

集思广益　/ 117

换位思考方能判断价值　/ 120

自己重要，别人也重要　/ 124

作者寄语

直面困难，积蓄力量　/ 127

员工第一课　/ 129

第四章　员工的精力应该放在什么地方　/ 131

健康为第一要务　/ 132

导致不幸的陷阱　/ 135

用人的痛苦之处　/ 138

掌握工作的诀窍　/ 141

我的学徒时代　/ 145

豁出生命　/ 148

希特勒为什么失败　/ 152

员工的真正使命　/ 155

作者寄语

掌握工作的诀窍　/ 157

用人的痛苦之处　/ 159

第五章　对年轻人的期望　/ 161

突破困难境地　/ 162

专心做好一件事情　/ 164

洞察对方的性格　/ 168

织田信长的过人之处　/ 173

见人说法　/ 176

充分发挥自己的资质才能　/ 179

正确认识自己方能成功　/ 181

目录

一味模仿别人不会成功 / 186

人各不相同 / 189

不拘泥于利害得失 / 192

打磨自己的天分 / 196

珍惜青春 / 200

作者寄语

真正认识自己 / 202

从最平凡的地方开始做起 / 204

第一章 如何实现人生价值

永葆青春的秘诀

今天大家让我讲讲"工作与人生价值"。关于这个话题,我不知道自己讲的能否令人信服,但还是想与大家分享一下我最近的一些思考。

我今年已经七十七岁了,到了俗称"喜寿"①的年龄。但是在我内心深处,我觉得自己还是个年轻人。所以,恳请大家记住,我拥有一颗年轻的心,并且在努力让自己的内心永葆青春。请大家千万不要认为"松下已到喜寿之年,快成老糊涂了",而要抱着"松下看上去就像二十来岁"的想法与我沟通。

当然,身体是不会说谎的。我经常在电视或照

---

① 在日本传统书法中,"喜"字的草书字形,看上去像竖着写的"七十七"。——译者注

片上看到自己的模样，比想象中的自己更为苍老，有时会禁不住怀疑这真的是我现在的样子吗，但我知道毋庸置疑那就是自己的真实模样。虽然变得如此衰老有时会让我错愕不已，但是照片和电视是不会骗人的。

虽然身体是诚实的，但心理年龄却可以一直保持年轻的状态，这是事实。说自由自在可能不太合适，但事实是人可以永葆青春。身体必然要一年一年地老去，但我认为，有的人精神状态会和身体一起慢慢变老，而有的人却能返老还童。

不知道各位对此是如何理解的，而我深有感触，并且时时提醒自己要保持年轻的心态。

经常有人跟我说："松下，你迄今为止做了这么多工作，年纪也不小了，所以经常认为你是个老年人，后来才发现我这个想法完全不对。"我总是回答说："哪里哪里，我其实觉得自己还只是个未经世事的年轻人，远没您那么优秀。"

也有人经常跟我说："你有时像个小孩子，有时一点都不成熟,这样的你却能完成那么多的工作,简直不可思议。"对此我的回答一般都是"嗯,我也不知道为什么",而这个回答也确实是我个人的真实想法。

因此,初次见面的人大多先入为主地认为松下电器的会长肯定是一位非常优秀的人物,但是一见面就会大跌眼镜,感觉不是很靠谱,难道松下会长就是这样一个人吗?随着交谈逐步深入,往往又会对我刮目相看,觉得松下确实值得信赖。像这样的故事,我可以开诚布公地与大家一起分享。

为什么会发生这样的事情,其实可以从多个角度进行解读。其中一个原因是,我发自内心地热爱工作,从不思考工作之外的其他事情。单纯地享受工作带来的乐趣,这就是永葆青春的秘诀。

温柔看待万物

我的思维方式是极其素直的。

评价自己素直,可能大家不会相信,但我确实就是如此。我觉得这个世界上没有比自己更素直的人了。

我觉得,能纯以素直之心看待万事万物,是非常重要的。只有这样,才能直达事物本质,看清事物的真实面貌。

一旦掺入私欲,或者戴上有色眼镜先入为主,就很难认清事物本质;只有全部去除这些因素,像透过纯净的透明玻璃那样看待事物,才能清楚地看到大部分事物的真实情况。这正是素直之心的一大特点。

我经常对年轻人讲,"可能你有很多这样那样的想法,但是有一点我想告诉你的是,要用素直之心来看待事物"。每每这时候对方总会问我"怎么才能做到您说的素直之心？""您说的素直之心，我不太明白，就是规矩听话的意思吗？"。说实话，对于素直，我其实也是一知半解。我也曾尝试着用更容易理解的词语来解释，却很难找到恰如其分的表达。①

但是，平常我会尽可能用简单的方式来看待事物，不把事物往复杂的方向去理解。因此任何令人挠头的谈判最后都能圆满收尾。其中最大的原因，我觉得就是不漫天要价，而是一五一十地按照实际价值来提。把价值为五的东西先提高到六，再做出一副让价到五的样子，反而徒增虚耗。

从一般的谈判技巧来看，先把价值为五的东西叫价到六，然后做出向对方让步的态度，最终以五

---

① 松下幸之助曾在《拥有一颗素直之心吧》一书中将素直之心，概括为超脱私心之心、倾听之心、向一切学习之心、平常心等。——编者注

的价格成交,这样双方都能满意,也能最快达成一致。这样的做法确实有它的道理,但是却不符合我的做事原则。价值为五的东西,我会从一开始只向对方提出五的价格。当然也会有失败的时候,但是成功的时候比失败的时候多。

总之,一句话概括就是,尽量用最简单的方法看待事物。先不评判这样做是对还是错,至少一直以来我自己是这样做的。世上之人千差万别,每个人都可以按照自己的方式来待人接物。但是我想说的是,要保持素直之心、用简单明了的方式看待事物,坦诚相待,不讨价还价,实事求是。简言之就是,任何时候都不要说谎。

如何选择合适的人才

我做事情，既有进展顺利的情况，也有进展不顺的情况。总体来说，进展顺利的情况约占六成，剩下还有四成不太顺利。这样一来，只要取其中的六成即可，这对于我来说已经足够。

我从来不奢求把成功率提高到八成或者九成，那样反而经常会出现问题。无论什么事情能有五五开，我就已经知足了。如果能再进一步达到百分之五十五或者能到六成，那简直就非常满意了。按照我一贯的认知，如果还要继续提高期望值的话，往往会适得其反。

无论是管理公司还是人事安排，我一贯按照这个思路进行。比如说公司的员工，给他安排什么样的工作是需要经常考虑的问题。这时，这个员工是不是合适的人才就是一个重要问题。想要避免出现问题，就必须选择合适的人才，但是实际情况往往很难如人所愿。那我是怎么来决定人选的呢？首先与候选人谈话，观察他的行为举止，或者也可以进行能力考试。即使这样也很难做到完全把握。我向来都是这么决定的，如果感觉将工作托付给这个人，能有六十分左右的话，就干脆定下这个人。这样往往结果是挺不错的。

即使从多个角度来对候选人进行考察以选拔出合适的人才，也无法确定最终能否找到八十分的人才。能有满意的结果，那自然是最好不过了，但是这样就会耗费太多的时间和精力。时间和精力的耗费，对公司整体工作来说反而是减分项。所以，在与候选人进行大概的交谈之后，觉得这个人实力能达到五十分，当然只有五十分的话确实有点太低了，判断大概能有个六十分的话，我就会说"好，这个工作就由你来做吧，你肯定没问题"。采用这样的方法，往往进展都比较顺利。甚至其中还有经过实践检验后能做到满分一百分的人。按照我的这个做法,虽然结果肯定不会次次都令人满意,但是大部分结果还是比较成功的。本节话题与本章主题看上去似乎有些偏离,但实际上却息息相关。

你的人生价值是什么

你们都有自己的工作,也都在做各种各样的努力让工作更有成果或者满足自己的期望。同时,在做什么事情或者有想做什么事情的冲动时,一定会抱着期待冒出各种各样的想法。这些想法,就是价值的所在,或者说我们能从中感受到人生的价值。

无论做什么事情都要满怀喜悦,这是必须坚守的原则,也可以将其理解为人生的价值所在。一个人如果找不到人生的价值,说他枉为人可能有些过分,但如果毫无目标、毫无使命感,如行尸走肉般活着,我是无论如何都无法共情的。当然万事都有例外,但原则上我认为不可接受。任何人,都应该有想法并有所期待。

我所说的话,建立在各位对自己的人生价值有不同理解的基础上。如果认为人生没有什么价值可言，那么话题就可以结束了。

"我现在在××公司做××工作。"

"为什么要做这类工作？"

"也没有什么为什么，就是其他工作做不了才做的。"

如果有人这样回答，我会觉得太离谱了。

"你觉得这样对得起自己吗？对得起这个社会吗？对于这个世界而言，你是很重要的。如此重要的你，如果不发挥作用实在太可惜了。"我们可以这样去质问别人，也可以接受别人的质问。

无论是被年轻的还是年长的朋友问及我的人生价值是什么，我都能够给出答案。有人会质疑："你都这么大年纪了，不要有那么多想法，就安安静静待着不好吗？"我都会反驳说："等一下，你在说什么呢？我可还年轻着呢！"

"可你不是都已经到喜寿的年纪了吗？"

"喜寿只是世俗的说法，我还是年轻人。我有想做的工作，并且能从中感受到人生价值和青春活力。"

所以,如果你对人生没有任何期待,那么一切只能是虚无。

因此,任何工作、任何人,都有其应有的价值,这是原则性问题。没有价值,"稀里糊涂地做事"实在不可取。

做自己人生的规划师

今天在座的有不少女性。很多女性最后会选择结婚生子,离开职场。拥有家庭,养育孩子,这是一项伟大的使命,但是在那之前你们是属于职场的。说实话,如果觉得反正迟早要离开职场,工作马马虎虎做一做就行了的想法是不应该的。

即便将来要回归家庭,也要珍惜你的工作时间,工作时的每一天都应有所期待。比如说,今天工作结束后去看场电影吧?看什么好呢?这个电影好像很有意思,而且可能会有启发意义,即便没什么意义,也能让人愉悦放松。我觉得这些想法就很好。只要有想法、有目标,日复一日,年复一年,就能够对自己的人生有所规划。换句话说,没有规划,人生往往是枯燥无味的。

不好意思我又要说说我的经验了。我会尝试考

第一章 如何实现人生价值

虑来年要做的事情或者预测来年的社会动向，并考虑自己的应对策略，也就是做全年计划然后去执行。我能从中感受到人生的价值。上面说的是年计划，月计划跟年计划又是不同的，是用一个月的时间去做某些事。对于我来说，年计划和月计划有着严格的区分。

这些计划中的事情，有的会按照预期顺利完成，有的最后无法付诸实施。这也是没有办法的事情。尽管说没有办法，但是只要做这样那样的计划，就会有各种各样的事情可做，而这也就是人生的趣味所在。很幸运的是，我能拥有各种各样想做的事情。与其说是拥有，倒不如说是我自己每天都在考虑问题，想出了这些事情来做。这样一来，其实可以思考的事情会无限存在。

我每天晚上躺在床上的时候都会思考这些问题。其实我是不怎么能睡觉的类型，从23岁开始创业起，我每天只睡三个半小时。我想这可能跟我的体质有关，天生就不是能呼呼大睡的类型。因为我神经比较敏感又体弱多病，还有这样那样的问题，所以每天睡够三个半小时，就再也睡不着了。插句题外话，这个问题一直困扰着内人。内人的睡眠质量很好，基本每天都会睡够八个小时。其实躺在可以安然入睡的人身边，我却每天只能睡三个半小时，对我来说这何尝不是一种痛苦呢？尽管如此，对睡眠问题我依然是无能为力，就算是发火也于事无补，而我已经在这种状态下生活了五十多年。

即使到现在，我依然是每天只能睡三个多小时，状态好的时候偶尔也能睡到四个小时。然后就再也无法合眼，从睁开眼睛到起床之间的这段时间，各种各样的念头会纷至沓来。这期间很少出现有意思的想法，但也没有办法改变。再三思考原因，终究也无法弄清楚，或许我天生就是这样的人，天意如此，非人力所能改变。

尽人事，听天命

每个人都有自己的特点。刚才讲过了关于睡眠的话题。有人天生睡眠质量好，也有人和我一样不怎么能睡觉，两种不同类型的人互相交换也是不现实的。打个比方，甲是晚上怎么都睡不好的类型，而乙的睡眠质量非常好。然后甲乙二人开始商量：

"能不能把你的睡眠时间稍微分给我一点？"

"你想要多少都能分给你。"

甲乙达成一致，乙甚至把睡眠的诀窍教给甲，但甲并不能改善睡眠。因为这样的事情在很大程度上就是天生的。所以说，再怎么纠结这样的事，最终都是于事无补。我个人感觉，最好的办法就是顺其自然。迄今为止，我多少都因为类似的问题而苦恼过，但到最后都跟前边说的睡眠问题一样，干脆素直地接受自己天生睡眠少这一现实。这个世界上，有人天生就比较胖，有人天生就很瘦，每个人的体质存在差异。大家慢慢就会明白，对于这样的问题无须过于纠结，素直地接受就好。

正如前文所讲，每个人的体质不同，或者换一种说法也可以说是命运的安排。每个人都以不同的形式接受这样的安排。其中并没有掺杂个人意志，完全是个人意志之外的东西。

最原始的一个问题，人生下来是男还是女，这个也不是由本人意志所决定的。也没有一定的理由说生下来是男孩好还是女孩好。当然有的人会期待说，"希望这次能生个男孩/女孩"，但这也仅仅是期待而已，结果不会因谁的意志发生变化。

从这个意义上来讲，人的命运是与生俱来的，如果有人对自己的命运不满意，比如说觉得自己不应该生来就是黄皮肤的日本人，即使他再怎么努力也不可能变成欧美的白人。对于生来就是黄皮肤的日本人这种命运，只能接受。

这样的事情，我觉得是一种命运，大家不妨顺

第一章　如何实现人生价值

应它。如果连真实的自己都无法接受，那这个人一定会出现问题，甚至会心生不满，满腹牢骚。

以前有朋友问过我一个问题："感觉你也没什么了不起的地方，为什么就能这么出人头地呢？"

"我并没有觉得自己怎么出人头地，只是做了自己该做的工作。"

还有人问："怎么样，这个工作你完成得挺漂亮吧？"

"也谈不上完成得漂亮，我只是做了该做的事情而已。"

能有今天的成就，我觉得只能说是顺其自然的结果而已。可能在外人来看，我做什么工作都抱有一腔热情，其实我并没觉得自己有超乎常人的热情，自己做的只不过是素直地尽人事、听天命而已。

我时常有这样的想法，所有人其实都有各自与生俱来的人生安排。素直地听从人生的安排，就可以感受到其中的喜悦与安心，进而感觉到真正意义上的人生价值。能做到听天命的人其实是强者。

顺便说一句，如果你不服从生活的安排，觉得自己无所不能、可以我行我素的话，一定会产生困惑，走上一条坎坷的路。此外，还会导致意想不到的后果，甚至给他人带来不幸。因此，我审视自身并进行思考，然后素直地去做事。我想我会在离开人世之前一直将此视为基本准则。那么，我就从未感到困惑吗？非也，其实我的困惑也很多，但最后结果只有一条路可以走。

任何人都有自己的人生价值

生而为人，就必须做些什么。有人去公司上班，有人自己做生意，最近还出现了很多自由职业者。现今已然变成了推崇一个人能独立做很多事情的时代了。工作种类也由此变得越来越多，似乎所到之处都能够找到属于自己的工作。

在过去的年代，生于武士之家的人会成为武士，生在木匠之家的人大多会选择做木匠。人们的人生基本从出生一刻起就定好了。现在时代变了，可以说子承父业的老传统已基本不存在，医生的孩子可以成为艺术家，艺术家的儿子能成为医生，非常自由。任何人都能更轻松地找到适合自己的工作。

简言之，我觉得一千万种对应一千万种职业是最理想的状态，也就是一人一种职业。但是，如果只有十种职业,而人口却有一千万的话,算下来每个人都是只能在这十种职业中选一种。即便不适合,也只能去做。过去就是这样的,因为职业太少了。但近来,无论男女都能投身工作,这是因为社会上新增加了很多职业,不过还达不到一人一种职业的程度。这就是问题所在。事实上,随着文明的发展,职业种类会越来越多。我认为应该探讨一下这个问题。

十年前,女性可以从事的职业有哪些?即便职业种类比较多,可以说现今社会已经增加到了原来的三倍。再过十年,女性从事的职业种类会变少还是增加呢?我认为是会增加的。到时候,无论哪种职业,找寻到适合自己的工作将会变成一件容易的事情。而这样的状态,在我看来就是社会文明在进步的表现之一。文明在进步,而职业种类在减少的情况是绝对不会发生的,那就不能称之为文明了。随着文明的进步,人们将越来越容易选择自己喜欢的职业,生活变得非常方便,也能很快找到人生价值和工作的意义。

但是,现在社会还没有进步到这种程度。所以就会有"这份工作并不适合自己,但也没有其他想做的事,就稀里糊涂地做吧"这种情况发生。但是,与过去相比,现在已经有了非常大的变化,以前职业种类太少了。

我还是个孩子的时候就在大阪一个叫船场的地方开始工作了。那个时候的船场地区遍地商家,要说工作种类,也只有打扫卫生、算算账什么的。如果做到掌柜的位置,就能直接做买卖了,但生意的范围非常小,跟现在完全无法相提并论。回首当年,五十年之后的今天真可谓天壤之别,职业种类在不断增加。所以,活在当下的诸位是非常幸福的。这是一个比较容易找到心仪工作的时代,是一个能让人感受到人生的意义和喜悦、容易活下去的时代。

生在这样的时代,如果还感受不到工作有意义的话,就像我前面说的那样,我是无法原谅的。大家怎么看？认为能说得过去吗？

"我很困惑，厌烦每天做的工作"，说这种话的人，我真想质问他："这是什么话！"真的有人认为每天的工作毫无意义吗？如果真的有，我很想去当面质问一下。大家怎么看，真的有这样的人存在吗？

理想的男性形象

最近，我发现了一件令人欣喜的事情，不管是别的公司，还是我们公司都是这种情况。虽然在第二次世界大战后的一段时期里，有时候我会对年轻人抱有成见，但对最近的年轻人就只有佩服了。他们博学多才并且积极好学，而且说真的，出乎意料地认真。

经常在杂志上看到评论说最近的年轻人非常不靠谱。但其实看看这些年轻人的工作状态，就会发自内心地感到心悦诚服。他们比当年的我们更积极，更聪明。所以，我觉得可以完全信赖现在的年轻人，对此我深信不疑。

前几天，我曾问过一些年轻女性："你们都喜欢什么样的男人？""那种能全身心投入工作的男士最有魅力了。"这样回答的人不在少数。在座的女性朋友们是怎么想的我并不清楚,但男性的魅力确实如此。最近有一种观念叫家庭至上主义。当然,我觉得将家庭视为第一是正确的,我自己也很重视家庭。不过,从女性角度看,重视家庭虽然很重要,投入工作的男性形象还是有着无法言喻的魅力。

如果你觉得必须得早点回家取悦妻子的话,会被妻子赶出家门的。一定会演变成对你的批判:"你在干什么!这么早回来,你必须努力工作啊!"相反,如果总是晚归,只知道工作,完全不顾家的话,也一定会有问题,妻子会质问:"你是在无视我吗?"所以,终究这还是一个尺度把握的问题。将三分之二的精力投入工作,然后同样重要的是将剩下三分之一的精力投入家庭。这就是我眼中的理想的男性形象。

理想的夫妻

那么,"理想的女性形象"是怎样的呢?以逆向思维思考该问题,我认为是那些能够理解男性的女性。也就是说,假设我今后要结婚(当然实际并不存在这种情况),我会选择那些认为"三分之二给工作、三分之一给家庭的男性充满魅力"的女性为结婚对象。这样一来,我不但能感受到工作带来的人生价值,也能获得家庭的认可,家庭气氛和睦,互帮互助。

由此便能产生一种价值,我们不妨称之为新的"合作的价值"。单身的时候,可以把精力全部投入工作,当有了家庭,还是要考虑携手合作创造价值。对于已婚人士而言,不存在离开合作的价值,即便有这样的价值也会是非常不幸的。这种做法不仅将给一个家庭带来不幸,还会给周围其他相关的人带来困扰。

我们设想这样一个场景。在公司里，领导对你说："你去负责××工作吧。"

如果你回答："我回家跟妻子商量一下。"领导多半会生气地质问："你这家伙说的什么话！"

我认为，这种时候双方应该这么沟通：

你："好的，我知道了。"

领导："你回家后跟妻子也商量一下吧，毕竟你要离开家一段时间，还是要做好家属的工作，征得家属的理解和支持才好。"

你："那我回去跟妻子好好沟通一下。"

如果你回答："没事儿的，您完全不必顾虑她。"我认为这么做并不妥当。领导会说："还是希望你能征得妻子的支持，我们不希望你的家庭因为工作而失和，那不是我们希望看到的。请跟你的家人好好沟通一下吧。"

这种情况下，我会感受到还是有共同价值这种东西的。一个家庭如果没有共同价值，那家庭将会非常冷漠且不幸。作为男性，必须有一种姿态即从家人那里得到对其工作的理解。同时，妻子也需要努力地去理解丈夫。然后才能由此产生强大的共同价值。

当然，单身的时候，一个人去感受价值就可以了。结婚以后，就要共同合作一起感受价值，这一点至关重要。

社会是塑造人的熔炉

虽说都是从工作中感受自身价值，其程度其实各不相同。可以说，有一千个人就存在一千种程度。形式也不尽相同，当然最基本的分类是能从工作中感受到价值和不能从中感受到价值。就能从工作中感受到价值而言，什么样的状态较为理想呢？我认为这需要每个人自己进行思考，只有自主思考并积极行动才是真正重要的。那么我们在思考这一问题时具体应该怎么做呢？

我觉得社会就是一个"锻造人的大熔炉"。所以，如何积极调动自身价值，只要问社会就可以了。大到社会，小到同事、朋友，去问一问："我是这么想的，你怎么看？"然后你会得到"你如果这么想的话，这么办怎么样？"的答案。仔细斟酌后就会慢慢明白了。

第一章　如何实现人生价值

因此，具体要怎么办，能够自己解决是最理想的，但有时还是会迷茫。工作中能感受到价值，但是在继续前行中就会有迷茫。如何解决迷茫，我认为只要广泛吸取众人智慧就可以。

我建议大家在广阔的社会里探寻，社会是每个人提升自我、实现蜕变的地方。很多状态都像蜘蛛网一样密密麻麻，但通过找寻，就能找到自己具体的活动模式。关键在于你是否在找寻。

寻寻觅觅之后可能会找到答案，也有可能没找到答案。但肯定会有一定的收获，即便并不多。因此，基于这些答案付诸行动，就可能完美地实现人生价值。

那么，虽然问题在于能不能去寻觅，但就像我在前文中说过的一样，关键在于是否拥有一颗素直之心。用素直之心去寻求答案，这个态度是极为必要的。

素直之心的初级阶段

第二次世界大战刚结束时,我曾陷入非常困难的境地,那时我所感受到的,就是必须秉持素直之心。如果自我意志坚定,就绝不会受制于任何因素。因此,首先就要拥有素直之心,然后用素直之心去看待事物。这样才能在一定程度上看清事物真实原貌。

我坚持秉承素直之心前行。但是,嘴上说说素直之心很容易,真正让它发挥作用却很难。对此,我曾经与人有过这样的对话。

有人问我:"松下,你总说要有素直之心,我感觉既听得懂又听不懂。要怎样才能拥有素直之心呢?"我当时是这么回复的,"我深信素直之心是必需的,也曾跟你说过,素直之心非常宝贵。仅凭一朝一夕是不可能获得的。如果你希望以素直之心去看待事物的话，那么每天清晨起床时，向神明也好向佛祖也罢，或者只是面对自己的内心说：今天也用素直之心去看待事物、去应对问题吧"。"你自己能做到吗？""能做到。但是，当素直之心能经常发挥作用时，才是进入了素直之心的初级阶段。""素直之心分不同段吗？""并不是分段，而是从阶段上看，进入素直之心初级阶段的人能做到让素直之心在任何时候都发挥作用，从而首先做到不失败。""那么怎么做才能进入素直之心的初级阶段呢？"

我自己也曾经思考过这个问题，坚持用素直之心看待事物、处理问题是非常理想的。但是，怎样才能进入初级阶段呢？

我由此想到了下围棋。我不知道各位是否会下围棋，会下的人会明白我想说的意思。一般来说下够一万遍，特别是跟高手下的话会更快地学会下棋，即便没有高手，跟朋友下上个一万遍，也能差不多达到初段水平。当然，还有人会成为三段甚至四段。我听说大概的标准是这样的,所以当时我由此联系起上面的问题。

"我听说下围棋,只要下够一万次,就基本上能达到初段水平了。素直之心达到初级水平,也需要努力一万遍。假设你日复一日地用素直之心去思考,三十年后基本能进入初级阶段。我已经这么做了十五年,还没有入门,目前相当于好不容易达到围棋三四段的水平。因此,经常会迷茫,经常会无法素直地看清事物。但是至少我想进入初级阶段,我具有三十年后进入素直之心初级阶段的强烈愿望。"

如今距离当时的谈话已经过去了十年,算起来我现在差不多快要进入素直之心的初级阶段了。但是说实话,进入初级阶段真的太难了。

进入初级阶段后,无论是谁说了什么,都不会生气,都会素直地说"好的,就那样做吧。请你也这样做",能够敞开心扉交流,并且也不会误入歧途。

第一章　如何实现人生价值

无论如何，要想拥有素直之心，没有三十年是办不到的。我认为这适用于一切。任何事，没有三十年年复一年的积累，真正的人生价值就不会开花结果。每天下棋，即便下得不好也很有意思，这就是人生价值。工作也是如此，投身工作乐在其中，这也是非常棒的人生价值。但是，我认为要让人生价值开花结果需要等三十年。

所以，抱着人生价值去工作，不会马上获得成功。如果成功的话，肯定有什么问题，不会是真正意义上的成功。三十年岁月，不知疲惫地感受人生价值，并且素直地去做的话，大家的愿望一定会实现。

如果从二十岁就开始的话，到五十岁时就能开花结果了。在此期间，会有很多迷茫，或者迷失方向而误入歧途。这也是没有办法的事情。即便有些许错误，只要迷途知返就好，一旦意识到错了就立刻折返，所以不要担心。但是，真正的开花结果是需要等上三十年的。

当今正是实现人生价值的时代

说说我最近感受到的事情。

近两千年的时间里，文明飞速进化，知识也在进步。即便如此，斗争或者说纷争、战争在这两千年里此起彼伏从未停歇。特别是在文明进步最快的近一百年里，出现的问题最多。

世界大战发生了两次，小一点的战争不计其数。仅日本就发生了很多次，欧洲也是如此。虽然近一百年里文明飞速发展，但并非一直岁月静好。即便电灯、飞机相继被发明，人与人之间的信任感却并未因此增加。这到底是正确的还是错误的呢？

至于为什么会是这样的状态，世人众说纷纭，对此我也没有明确的答案。但就目前我对该问题的思考来说，我认为人类观一日不改变，人们就不可能找到真正的答案。

第一章　如何实现人生价值

如果再让旧有的人类观持续下去的话，文明越发展就会带来越大的灾难，或者说越悲惨的命运会降临到人类头上。所以，我们必须创造新的人类观。然后基于新的人类观思考政治、经济等各个方面。若不这样做，结局就会是，文明越进步，灾难越多。

我最近总是频繁地、强烈地感受到人类观在过去从未变过。人生而有罪、人是弱者等人类观丝毫没有改变。所以，即便文明在进步，政治和经济在进步，结局都是一样的。所以我意识到，我们需要重新思考人类观，重新思考人类，然后基于新的人类观讨论政治与经济。

现在，资本主义正在走向死胡同。共产主义也不一定会一帆风顺。所以，虽然可以考虑第三个主义，第三种思想，但是我认为最重要的是能够产生第三个思想的人类观的革命。

同样的人类观，是不会诞生第三种思想的。从这个意义上说，我们都处于转折点。那么也可以说，现在这个时代是非常有人生价值的时代。

朝日研讨会
于朝日新闻大阪总社
1970 年 11 月

作者寄语

尽人事，听天命

每个人都有自己与生俱来的特点和天赋。有的人吃一点就会变胖，有的人狂吃反而会变瘦。每个人都被赋予了不同的体质，这也可以说是一种先天条件。每个人的体质和先天条件都是不同的，也不是完全由个人的意志决定的。

从这个意义上来看，可以说每个人都在接受命运的安排。这样考虑的话，也只能接受这样的命运。如果对这样的命运不能接受，自己一定会出现问题。有的时候甚至会怨天尤人，抱怨上天的不公平。

对于真实的自己，予以素直的接受，就可以从中感受到喜悦与安心。接下来也会发自内心地感受到真正意义上的生存价值，也会产生这样就好，这样就知足的强烈感觉。自己生来就是这样的，所以可以素直地接受真实的自己，这样的想法会让人变得强大。

如果不能这么想，而是觉得只要按照自己的意志行事，无论什么事情都可以做到的话，一定会感到迷茫，陷入混乱的荆棘之路。最终导致意想不到的后果，甚至会给人带来不幸。

从今往后，直到我走到生命的尽头，我会将素直地接受自己的想法贯彻始终。其中也许会经历不少迷茫，但我坚信最终这是最好的选择。

什么是素直之心

说到素直之心，在一般人的概念里，就是仅仅一味顺从，什么事情都听从别人的安排，有着无论是好是坏，都只按别人说的来行动的一面。确实顺从也是素直的一个表现方面，但是，真正意义上的素直并非仅仅如此。真正意义上的素直之心，并非如此消极，而有着更为强大的积极内涵。

也就是说，素直之心指的是毫无私欲的澄澈之心，它不受任何束缚和影响，能如实地看到事物的本来面目。这样的心是产生直接抓住事物本质力量的源泉，在此基础上，人们有勇气去做该做的事情，也有勇气拒绝不该做的事情。

素直之心还包含去爱憎恨之人的心、纠正错误引导事情向正确方向发展的心。此外，远见卓识也是基于这样的素直之心形成的。用一句话概括，素直之心就是一种可以使人更加正确、更加强大、更加聪明的事物。

不过，虽说素直之心是非常重要的，但在实际中，人往往会因利害得失被感情所左右，实践起来也是非常困难的。幸运的是，无数先哲圣人和各种宗教信仰，通过讲经论道带给世人排除迷惑、抛却烦恼的宝贵方法。要培养素直之心，有诸多方法，比如可以不断参考前辈或朋友的建议，再加上自己的思考和理解。参悟先哲圣人和宗教的教诲，并加以灵活运用，对于养成素直之心也非常有意义。

第二章
激情使人永远年轻

做好充足的思想准备

各位同学都在学校经过长期学习,在这即将步入社会的时期,选择什么样的工作,或者选择什么样的公司,也都有过自己的思考。在此基础上,大家申请了我们公司。所以今天我能在这里给大家讲话。首先,我觉得现在是决定大家将来发展方向的重要时期。

我觉得大家都是经过自己的一番考虑才选择进入我们公司的,而不是抱着试试看的态度来的。当然,也不是说既然进了公司,就不能辞职。当然也可以根据个人想法来决定去留。但是,转换人生方向也不是轻轻松松一句话就能做到的。首先,从我们的想法来看,我们是希望大家能够把这份工作当成一生的工作来对待的。我和公司都希望各位能够在这里一直做下去,通过在公司工作实现作为社会一员的社会责任。希望大家也能抱着这样的心态加入我们公司。

在今后的漫长生涯中，必然会出现各种问题，甚至可能会出现与个人志向不相符合的问题。即使遇到这种情况，也不能有遇到问题就马上辞职的不靠谱想法。工作中会有无聊的事情，也会遇到各种烦恼，但是大家不能因此就马上全身而退寻找退路，还是应该在公司里一边烦恼一边积极寻找解决烦恼的方法。我希望大家能够具备这种坚定的立场和信念。只要有这样的态度，无论遇到多么困难的问题，都能加以解决。如果遇到不顺利的事情就退缩的话，是无法让自己变强大的。

我们公司目前的工作是与电器相关的。电器行业不可能永远都是一帆风顺的。虽然目前来看有着很好的发展前景，但是经营如果有问题，公司依然不会有好的发展。而在瞬息万变的经营中，各种困难、问题会接连出现。遇到这种情况，不能想着电器行业太无趣了，干脆转去做机械行业吧。还是应该贯彻初心，无论到什么时候都要以电器为中心，为公司的发展奋力开拓。无论遇到什么困难，都不能改变初心。只要有通过电器来一步步为社会发展做贡献的基本思想准备，就算会遇到具体困难，公司的方针是不会变的。

迄今为止，在松下电器四十年的历史中，也有过相当困难的时期。有的是技术方面的问题，有的是经营方面的问题，也有的是资金方面的问题。但考虑到电器的未来和发展前景，只要感受到其中的使命，就绝对不能在大方向上出一点差池。有什么样的困难，就直面什么样的困难，解决困难，奋力开拓，这样才有了今天的松下电器。如果大家今后能够像前人那样下定决心、坚定不移，我们也将给予大家信任。

另外，大家都具备相当的学识，我相信大家不管遇到什么样的问题都不至于泄气消沉。为了解决工作中的问题，或者当自己所处环境中出现不愉快的事情的时候，还需要大家为了改善这样的环境而付出努力，这也是必不可少的。但是，大家不能因此而动摇。这是我的想法，也是我所坚信的。这也是非常重要的一点。

在今后漫长的职业生涯中，每个人身上也会出现各种问题。工作方面肯定会有各种烦恼，工作之外还会在个人立场上与公司有各种各样的关联。这些关联也全部都会对公司产生影响。所以，我们非常期望大家无论是工作还是个人生活都能达到理想的状态。这也是理所当然的事情。只有这样全公司互相帮助，大家才能在各自的岗位上发光发热，实现我们身为产业人肩负的使命。

责任意识

目前，松下电器共有两万名员工。但是，我们并不是只有公司里的这两万人。不是松下电器的员工，但是与松下电器有业务合作，几乎只做松下电器产品销售的人数差不多也有两万人。如果把这些人也算进来，这也是相当庞大的一个人员数量。此外，还有负责采购的专属工厂，以及非专属的大企业中有一部分负责松下电器工作的采购商，像这类人员我估计也有两万人左右。

照这个算法，大约有六万人在做着与松下电器有关的工作，这些工作的各种成果与我们的社会息息相关。从这个层面上看，也不仅仅是六万人在工作这么简单，正是通过这六万人的工作，从中衍生的各种事物又与普罗大众产生关联，从而给社会带来巨大的影响。所以，可以说我们工作和行动的好

第二章 激情使人永远年轻

坏最终决定带给普罗大众的结果的好坏。这么考虑的话，我们就不允许有我自己的工作全部由我来做主的想法。一旦记住了这条规则，大家就不会允许按照个人的好恶来行事。

我们相互之间的一举手一投足，都与普罗大众存在密切的关联。对这种关联及相关责任，大家应该有自觉的认识，这是我们必须意识到的。比如今天太热了，本该自己考虑的事情就先放一放，那么自己的工作就会通过相关的六万人，对社会产生消极影响。这一点上，大家和我都是一样的。只要身为六万人中的一分子，就会产生影响。我们每一个人对这一问题的重视程度，决定了公司在社会中的重要程度。

松下电器的两万名员工聚在一起为了共同的事业而努力，这些工作全部会对大众产生影响。所以，一个非常重要的原则问题就是大家不能仅凭个人意志来判断事物。

只要大家成为公司的一员，就必须对这一责任有深刻的思想觉悟。实际上，这种影响也是实实在在存在的。比如说，今天公司全体休息一天的话，就一定会出现相应的影响。采购商的两万人，销售我们产品的两万人，甚至还有与这四万人有关联的其他数不清的人都会受到某种程度的影响。所以，如果是一个人生活在孤岛上，那还有可能按照自己的想法来生活。但身为社会一员开展工作，就不能仅靠自己个人的想法来评判事情的是非善恶。

我们公司目前的惯例是每周日休息。这是常年的习惯，虽然与外边的公司没有明确签订周日休息的合同，但大部分合作单位也都是知晓并认可的。所以，周日休息的话就完全没有问题。但是，临时突然休假原则上是不可以的。即便我们想休息一天，但跟公司实际业务以及相关的整个社会都还处于运行的状态。我们还需要从精神和道义上考虑，得到这些人的认可才行。

不光是休假本身，实际业务内容也是一样。我认为，只有抱着这样的思想觉悟来工作，才能让公司作为社会一分子得到认可。即使是个人做生意也应如此，更不用说有两万人的松下电器了，对社会产生的影响是非常巨大的。

大家都毕业于高等学府，而且已经是优秀的社会人士。我希望大家今后在作为公司的一员开展工作时能够牢牢记住这一点。关于大家各自的职能或者说工作方面的情况，就算我不说，相信大家也已经有了一定了解，但是与之相比，我更希望大家能够清楚这份工作所承载的社会责任，这一点非常重要，我认为它是一切的起点。

大家在学校学到的专业技术以及其他职业能力，毫无疑问是非常重要的。但是，如何有效利用这些技术和能力，并使之继续发展成长，关键还是要践行我前边所讲的内容，方才拥有真正的意义。离开社会，我们也就失去了存在的意义。无论我们如何想把工作做好，脱离了社会也就失去了存在的价值。将所有的工作与社会关联起来，我们的能力和活动才能拥有真正的意义。所以，这才是最重要的事情。

企业是社会公器

说到松下电器一直以来是以什么样的态度来经营的,我认为松下电器不是我个人的私人产业,而是一个属于社会大众的公共机构。这个公司是社会的公器,也是公众的制造型机构。在这家公司工作的所有人,都需要贯彻身为这一社会公众机构一分子的责任感。无论是新建一座工厂,还是获得一定的利润,都是基于这一观点来判断其正当性的。如果仅从公司自身考虑,设法增加利润,作为公共机构是应该这样做的。当然增加利润对于公司而言非常重要,但是应该在作为公共机构被允许的范围内追求利润。公司如果是为我个人赢利,那就会变弱,如果是为公众谋利益,那么就会拥有强大的力量。

比如在决定公司产品价格时,是应该定为50

第二章 激情使人永远年轻

日元,还是55日元,或者要不要设定10日元的利润,这种时候需要从公共的角度来把握。因为可以从公共角度考虑公司需要拿多少利润,这样做会更有底气。如果把公司当成自己的私人产业,只考虑为公司挣更多钱的话,那只能渐渐变得低三下四。现在这样的想法是行不通的。所以,要考虑正大光明地经营公司,堂堂正正地经营公司,理直气壮地面对社会。也就是说,在认识到公司是社会公众机构的前提下,为了社会来进行公司经营。如果做不到这些,那就只能说明缺乏远见。这对我们来说是非常重要的。

除此之外还有许多其他问题,今后还有机会跟大家讲。同样也还有机会听你们来讲。让我们一起努力将公司打造得更加完美。另外,我刚才讲的关于为了社会的想法,还请务必在这一前提下进行工作。

前辈也有各种性格的人

关于之前讲过的企业社会责任问题，希望大家日后能充分思考和理解。接下来，我站在各位的角度来考虑一个问题。在公司里有很多一直工作到现在的前辈。大家作为新入职的员工，在开始工作的时候，一定离不开前辈的各种指导和教诲。我希望提醒大家的一个事情就是，前辈并非在所有方面都是满分。

其中一定有比较亲切，善于且乐于指导部下的前辈。但是，也有一些前辈并不是那么擅长带新人，他们的指导方式可能欠缺妥当。也就是说，前辈中什么样的人都有，也有不善于指导后辈的人。另外，无论从人格方面来讲，还是从工作方面来讲，抑或从经验方面来讲，有的前辈已经几乎无可挑剔。但是，某些方面可能作为前辈有优秀的地方，有些方面可能在各位来看也许只是平平无奇。

但是，大家都是从接受前辈的指挥开始工作的。有的时候大家可能会觉得有前辈带领是一种幸福，有的时候觉得并不理想。但是，这种情况可以说在任何公司都是一样的。在松下电器，我觉得也是如此。如果能够幸运地跟完美的前辈一起工作，那确实是一桩美事，我也觉得没有问题。但是，如果被分到的部门跟预想的不一样，大家可能会产生怀疑"公司就这样的吗？""前辈们也不过如此"，甚至还可能会出现不满，感到落寞，产生动摇。但是，我想告诉大家的是，这样的状态大致就是社会的正常现象。

最难得的客户类型

实际上，我们在做生意的时候，有时候会遇到非常好的客户。当我们把产品拿过去给客户看的时候，客户会说："松下君，这个东西应该花费了你们不少心思吧，做得真好。"客户不仅说的话让我们感到开心，还很快就采购了我们的产品。我们非常感激客户，同时也感受到工作的价值。但是，也有一些客户并非如此。有的时候他们看都不看一眼产品就说："这样的东西完全不行。别家的更好。你们的产品价格又高，做得又不怎么样。"似乎上来就要给我们吃闭门羹。如果就这么把产品拿回来的话，那就没办法谈成生意。所以，我们需要更加热诚地对客户讲："您别这么讲，还请再看下我们的产品。"即使如此，客户还是会有不同反应，有的会确认产品后予以认可并最终下

第二章　激情使人永远年轻

单，也有的依然无法搞定。即使是前辈去，也是同样的情况。

对于我们来说，最难得的客户类型是哪种呢？当然，给我们夸奖、鼓励并采购产品的客户是最理想的。但是，如果所有的客户都是如此，对我们来说反而不能说是好事。因为只跟在这样的客户后边，对我们来说反而是一种损失。为什么这么讲，世上之事如果都能这么轻松的话，我们就无法再继续学习。如果没有啰唆、麻烦的客户，我们也就没有办法进步。

比如鞋铺做的鞋子，如果无论鞋子怎么歪，都有客人说"就这样吧"然后买走穿的话，鞋铺的老板就不会再学习进步了。但是，如果客人哪怕感觉鞋子有一点点硬，有一点点不舒服，就态度凛然地说"这鞋子没法穿啊，再做得软一些"，如果那家鞋铺有很多这样的客人，那它一定能成为日本数一数二的鞋铺，得到"那家的鞋子，无论谁穿都很舒服"的评价。当然，能够成为这样了不起的鞋铺，也取决于鞋铺老板自身的努力，但更重要的还是源于购买鞋子的客人。如果买鞋子的客人非常难缠，爱发牢骚，鞋铺老板就会不停地问客人哪里不合适，然后尽力把鞋子做成客人喜欢的样子。在这样反复改进的过程中，鞋铺马上就能在行业内出类拔萃。

这样的事情，不仅仅存在于鞋铺中。机械行业也是如此。比如说一家企业生产出了机床，但从机床购买者的立场来看：

"这样的机床根本就不能用嘛！安装之后老是松动。"

"没有啊，这个产品在别家口碑很好的。"

"别人可能觉得好，在我这里完全不行，这样的东西没法用。"

如果光是口头上说，最终产品会被贬得一文不值。如果即使觉得客户要求过分，还能忍耐住客户的指责，重新研究产品哪里不好并做出改进的话，下次就可以做出连千分之一毫米的误差都不到的产品。只有这样才能制造出完美的车床。从某种程度上来说，这取决于客户，如果客户没有远见，无论车床厂家还是机械厂家，都很难取得进一步的发展。

当前，日本商品不断向海外出口，动不动就会因出现残次品被退货的情况。相反，从外国进口到日本的商品，就很少出现因残次品而被退货的情况。其中原因究竟是什么，为什么外国可以把商品做这么好呢？毫无疑问，原因之一就是外国工厂为生产出完美的产品做出了相应的努力。当然也可以这么考虑。但是，在国外只有像这种连百分之一毫米、千分之一毫米的误差都没有的产品才能销售出去。在美国市场上，产品只要误差超过五十分之一就没有厂家会采购。因此他们会将产品的误差率逐渐缩小到百分之一、五百分之一，否则就会失去客户。为避免失去客户，厂家会想方设法地提高精度，就这样美国的机械技术得到不断提高。假如美国也像日本这样，即使有十分之一的松动误差，客户也不以为意照样采购的话,那么大部分的美国技师把误差控制到二十分之一就能应付工作,那最终市场上生产出来的都是这种级别的产品。

知晓人性的弱点

自己努力做出更好产品的同时，也需要有向我们提出更高要求的人。公司社长一般来说吹毛求疵的人比较多。当然，身为公司社长需要有八面玲珑，经常笑脸待人的一面。但是，如果缺乏在必要的时候板起脸训人的严肃性，那么公司一定会一盘散沙。客户的情况与此相同。即使我们想着尽最大努力把公司做得更好，如果松下电器的客户都太好说话，什么时候都无条件地采购我们的产品，那么我和公司干部，甚至其他员工一定会因此而放松学习。

人都是软弱的动物。无论遇到什么样的情况，总能自觉做到完美的人其实凤毛麟角。人非圣贤，总有一些地方会想偷懒。但是，如果有别人的监督或引导，或者因为不愿被批评，没有办法只能用心去做事，这样就可以逐渐培养出好学的性格，最终使人成长，带来更好的生活。

请大家设想一下，如果世上没有了警察将会怎样。没有了警察，我根本无法想象人会做什么事情。但是，现实中警察是实实在在存在的，做了坏事就会被警察抓起来，所以人才会规范自己的行为。或者，即使没有警察，如果做了过分的事情就会被他人嘲笑，"那个人这么做的话，周围都会感到困扰"。因为不愿意被人嘲笑，人也会注意自己的言行。

所以，如果将加在人身上的像枷锁一样的东西全部取下，这个世界就会乱套。因为人类其实是软弱的。即使夸口说自己是大学毕业什么的，只要社会的眼睛受到蒙蔽，也不知道会做出什么样的事情。人在黑暗的地方，也不知道会做出什么样的事情。这是人的另一面。即使在黑暗之中，该坐好的时候也能做到正襟危坐，这样的人一般一百个人中大概会有一个。有一个也已经是非常难能可贵的了。所以，如果没有监督的话，人还是会做坏事，这也是人的弱点之一。主动监督自己，如果没有他人监督的话，自己监督自己，能有这种心境的人也可以，但是能做到这一步的人实际上凤毛麟角。在我们的公司，有时社长会吹毛求疵提出要求，所以能够保持有人监督的状态。

前不久，我们公司的工会委员长受邀访问了苏联。当我问到他出访的情况时，他是这么回答的："那边的等级秩序非常严格。为了维持秩序，还是需要有让人害怕的东西。哪怕是方针有一点点的变化，也能得到彻底的执行，所以才会有什么事情都秩序井然的样子。每当大人物经过的时候，大家都会站起来敬礼，一般人也会起立避开。为了保证秩序，等级制度是绝对必要的。"我觉得这些话非常有道理，如果没有规矩，肯定没有办法保证秩序。

很重要的一点就是，大家要绷紧一根弦，时刻警醒自己。即使别人允许，自己也不允许自己做这样的事情，能做到这种程度的话，基本上就不会出现问题。但是，很少有人能做到这种程度。即使努力一生，这也是极难实现的目标。就像古人说的那样，不管人再怎么仁义道德，到了食不果腹的地步，父母兄弟的东西都可以拿来自己吃。"仓廪实而知礼节，衣食足而知荣辱"，只有有了足够的食物、足够的衣服，生活稳定后，人才能尊重前辈、教导后辈，才能实现正常的生活。如果吃不上饱饭，穿不上暖衣，住不上房子，在这样的状态下，大部分人都会动做坏事的心思。人的这一本性，在两千年前就被一语道破了。

最近，人们的衣食住逐渐得到满足，秩序也基本得到了维持。第二次世界大战刚结束的时候，大家年龄小可能不了解情况，当时的境况是非常糟糕的。这也充分验证了"仓廪实而知礼节，衣食足而知荣辱"这句话。当然那个时代也有伟人，也有衣食不足而知礼节的人。像耶稣和释迦牟尼这样的伟人，即使没有衣食也是知礼节的。但是，像我们这样的凡夫俗子，衣食足后还有不知礼节的人，假如衣食不足，只会更不懂礼。

我们的工作，就是为了使衣食更加充足。想要世上所有人都能过上体面的生活，成为真正意义上的人，首先最需要做的就是使衣食充足。我们公司虽然不生产衣食住方面的产品，但是满足人们一部分与住相关的需求。关于食这部分，由其他公司在承担。大家通过这样的分工来满足所有人的衣食住需求，让所有人的生活更加体面。松下电器要做的就是这样的工作。所以，也可以说我们是制造圣人、君子的公司，制造让世人都变成圣人、君子的原材料的公司。从"仓廪实而知礼节，衣食足而知荣辱"的角度来看，我的理解不能说是错的，我们完全可以说松下电器就是一家值得尊敬的公共机构。

学会用领导

我们公司为了满足人们的衣食住需求，为了让人们像真正的人一样生活而生产并提供产品。如今大家加入进来，成了完成这份神圣工作大军中的一员。我想说，大家既然已经加入这份神圣的工作，就不要发任何牢骚，但是我不会这么说。不管有多少牢骚和不满，大家尽管说出来就好。不过，还请时刻铭记我们的终极目标。不但让自己感受到乐趣，还要让更多人感受到乐趣，让整个世界充满希望，并且让人类生活得更加充实。为了实现这些目标，我们不但要每天努力工作，还要每天进行争论。有的时候可能会受到批评，有的时候也会受到表扬，就是在这样的情况下，通过一步一步的努力来实现工作的成果，这就是我们公司存在的目的。这一目的，还请大家任何时候都要紧紧抓住。

第二章　激情使人永远年轻

为达到这一目的，需要大家充分发挥自己的能力和技术。另外，可能经常有人会跟大家说："你必须更加认真工作，必须更加脚踏实地。原本可以做出更好的产品，为什么做不到呢，这可不行。"其实从公司角度来说，我们公司也是这样的角色。公司的人到了外边，也会被人说："松下电器，你们制作这样的东西可不行，得给我做更好的产品。"被客户提出这种要求的话，只好回答说："明白了，我回去跟主任报告。"大家都有类似的经历。把我们公司的两万人看成一个整体的话，可以说每天都会被客户这么要求。当然也可以说是社会的要求。为了满足这一要求，公司的每一个人都需要不断努力，相互鼓励，"你要干得更好才行啊"就是其中的一种表现。

这样互相加油打气，不仅是自上而下的，也可以是自下而上的。员工也必须学会说："社长，请您更上心一些吧。您怎么这么心不在焉呢？"我向来主张，大家要用好你们的领导。

"出现了××问题,社长请您出面吧。如果社长您能出面的话,对方一定会满意的。"

"好的,那我就去一趟。"

大家一定要学会这样用你们的社长。我们公司里有多少能用好社长的人?如果一个这样的人都没有,那公司是没有前途的。如果有十个这样的人,公司未来的发展将是无限的,如果有一百个这样的人,那公司将变成一家了不起的企业。或者,不用社长的话,用好你们的主任也行。主任用下属那是再普通不过的,没什么了不起的,下属能用好主任才是好样儿的。

坚持说真话的信念

我从小就在商店里当店员。十六岁的时候,我所在的店进行了一次改革,当时的情况是这样的。我在的是一家只有五六名店员的小店,其中一名店员做了坏事。这名店员其实是非常能干的,而且店主也很喜欢他,我们平时都觉得他非常厉害并且发自内心地尊敬他。就是这样一个人,突然干了一件蠢事,从店里偷了东西。偷东西是一件非常严重的事情。

接下来的问题是要怎么处置这个人,也就是是否原谅他的错误。这个人非常能干,其他人卖不出去的东西,他很快就能出手,对店铺来说是非常难得的人才。所以,店主的想法是批评一番然后原谅他。但是,我对此向店主提出了异议:"这样是不行的。如果您原谅他的话,我很难接受。"我还是属于正义一派的。说是十六岁，按照周岁算的说话，当时也不过是十四周岁。一个十四岁的黄毛小子倔强地说道："如果您要原谅他的话，请先把我解雇了。"这样一来，店主也没有任何办法，因为我说的事情是正确的。最终，那个人辞去了店里的工作。

店主可能是宽宏大量地想原谅他，我那时尚未成年，对这样的想法还完全没有概念。换成现在的我，想法跟当时可能会有所不同，但是当时我就是那么顽固。最终那个人还是辞去了店里的工作，但是令人感到欣慰的是，从那时起这个店一直发展壮大。从最终结果来看，是我在十四岁的时候，将店进行了改革。

大家进入公司两年后，如果发现公司里有非常不好的人，这样的人影响公司的良性发展，那你有没有勇气让他离开公司呢？我做这个生意已经有四十年了，这四十年来还没有一个人跟我说过，没有人跟我说"××在公司只会给公司带来坏处，让他

第二章　激情使人永远年轻

辞职吧"这类话。

那么，公司的每一个人都是完美无缺的吗？显然并不是，公司里也会有马马虎虎的人。毕竟一共有两万人，有形形色色的人也是理所当然的事情。但是，虽说不能见到稍微做点错事的人就去跟社长打报告让人家辞职，但是如果像佛祖一样博爱，无论多离谱的事情都包容，那也是不对的。如果大家怕事后被人厌恶而遇到什么事情都做"怕事佬"，那也不是正确的选择。

我现在不是要求大家都这么做，只是想跟大家说，一名十四岁的少年都可以对店铺进行改革，大家已是二十二三岁的年纪，而且拥有丰富的知识和常识，我希望大家至少能拥有可以说出对错的信念。就算你们不真的说出口，至少在内心中要相信自己可以说出什么是正确的。当然我的意思不是让大家现在去把坏人揪出来。我们这么大的公司，里边难免会有一些不太好的人和想法错误的人。如果把这样的人一个不剩地都找出来的话，那工作就没法做了。所以，只要大部分人是正确的，把不正确的人包容起来，工作不出纰漏就已经是非常理想的状态了。

但如果是只有五六名店员的小店，这样就行不通了，所以那时我才强烈要求将那个人辞退，后来店主也为此事向我道谢，说多亏了我的强烈建议。那个人去了别的地方，后来又做了坏事，果然无论到哪里都改不掉本性。好不容易被新的地方雇用了，最后在那里还是做了坏事，想一想他也算得上是一个可怜可悲的人。

敢于提出自己的建议

正如前文提到的，一个十四岁的黄毛小子也可以对店铺进行改革。大家也许会觉得，自己只是两万人中的一个小小分子，仅凭自己哪怕再怎么努力也不会做出什么了不起的大事。但是，我想说的是，这两万人中，只要有一个人能够觉醒，其他人都会紧随其后。无论是社长还是专务①，只要看到一名年轻人觉醒的模样，马上就会明白他说的是正确的，也会虚心向优秀的年轻人请教问题。因为年龄和做人的智慧不一定成正比。在有的事情上，年龄大的人经验会更丰富一些，但是领导应该一边从公司优秀员工身上吸取知识，一边来向部下下达各种命令。

大家进入公司三四年的时候，应该会发现有一

---

① 股份有限公司的高层管理人员，通常主管某一特定领域的业务。——编者注

些事情是不能做的。但是再过一段时间，反而对这些事情的认识开始模糊。刚进入公司的时候，大家都还有着纯真质朴之心，所以看什么事情都很清晰，也能有很多自然而然就能注意到的事情。如果有什么觉得可以试一下的想法，无论有多少都可以向负责人讲。我也说过，负责人也都很乐意听这些意见和建议。我经常跟各部门的负责人讲："我们作为领导已经做到尽可能最好了，但是即使有这样的思想准备，也会遇到仅靠自己无法判断的事情。通过向处于第三方立场的人或新进公司的员工征求意见，会受到有益的启发，所以你们要尽量多听取大家的意见。"

大家既然加入了我们公司，对领导和前辈就要有应有的礼节，这在哪里都是必要的。此外，我还希望大家能够从作为员工的责任感出发，不断提出自己的建议。哪怕是同一件事情，只要动脑筋勤思考就会有很多种方案，如果不动脑筋，过三十年也好四十年也好，最终也不会弄明白。

有热情事竟成，热情开拓道路

总之，大家既然已经进入公司，今后要既来之则安之。虽然不知道会是善缘还是恶缘，总之有缘才能够成为同事。所以，即使有什么不满的事情，也不要到外边去讲，而是在公司内部解决。在外边的时候，还希望大家能说松下电器是一家好公司。如果有不喜欢的地方，我希望大家能在公司内部讲。能这么想的话，就不会有错，只要能做到这一点，大家就算得上是优秀的员工和社会人士。如果有什么不满，也不要到外边去讲，而是在公司内部讲，跟社长去讲。在外边的时候，一定要说："我们公司都非常努力，可能还有做得不好的地方，但我们都在努力把工作做好，我们保证会尽最大努力的。"

到现在为止，有数不清的人在我手下工作过。

其中有的人说他们多么伟大可能稍显夸张，但是工作非常靠谱，这些人的特点就是有热情，对工作有热情。以上二楼为例，如果是无论如何都想上来的人，他会思考怎样才能上来，进而想到梯子。但如果只是能上去的话就上去看一下这种程度的话，那肯定连梯子都想不到。我认为一定得是前者那种程度的热情才能让人想到用梯子。一个人如果缺乏强烈的、想上二楼的热情，认为可上可不上的话，那他是想不到用梯子这一方法的，除非他异常聪明。在我看来，"做做试试"这种话是有问题的，说话的人缺乏热情。一个人如果对工作缺乏热情，会像豆腐那样一碰就碎。人最重要的就是热情。大家学到的技术和知识，在热情的加持下，也会得到快速成长。

在工作中热情是必不可缺的，我这么说也不是让大家把妻子和孩子抛到脑后，尽管在实际生活中确实有这样的人。从妻子的角度看丈夫做得不够到位，但是那位丈夫其实也并没有对妻子不管不顾。

因为他平时对工作充满热情,把工作干得很好,做出了给更多人带去喜悦的成果。

"我有事要回家一趟。"

"怎么了?"

"内人感冒了,我去给她拿药。"

"那没问题。"

像这样的事情,无论什么样的上司都不会阻止。这样的事情是完全没有问题的。所以,只要大家有足够的热情,无论遇到什么事情,都能想到解决的方法。然后,也希望大家能够成为受到众人信赖的人。

大学毕业生定期录用人员壮行会
于松下电器本社
1959 年 6 月

作者寄语

最难得的客户类型

实际上，我们在做生意的时候，有时候会遇到非常好的客户。当我们把产品拿过去给客户看的时候，客户会说："松下君，这个东西应该花费了你们不少心思吧，做得真好。"客户不仅说的话让我们感到开心，还很快就采购了我们的产品。我们非常感激客户，同时也感受到工作的价值。但是，也有一些客户并非如此。有的时候他们看都不看一眼产品就说："这样的东西完全不行。别家的更好。你们的产品价格又高，做得又不怎么样。"似乎上来就要给我们吃闭门羹。

对于我们来说，最难得的客户类型是哪种呢？

当然，给我们夸奖、鼓励并采购产品的客户是最理想的。但是，如果所有的客户都是如此，对我们来说反而不能说是好事。因为只跟在这样的客户后边，对我们来说反而是一种损失。为什么这么讲？世上之事如果都能这么轻松的话，我们就无法再继续学习。如果没有啰唆、麻烦的客户，我们也就没有办法进步。

自己努力做出更好产品的同时，也需要有向我们提出更高要求的人。即使我们想着尽最大努力把公司做得更好，如果松下电器的客户都太好说话，什么时候都无条件地采购我们的产品，那么我和公司干部，甚至其他员工一定会因此而放松学习。

人都是软弱的动物。无论遇到什么样的情况，总能自觉做到完美的人其实凤毛麟角。但是，如果有别人的监督或引导，或者因为不愿被批评，没有办法只能用心去做事，这样就可以逐渐培养出好学的性格，最终使人成长，带来更好的生活。

责任意识

现在,公司内外大约有六万人在做着与松下电器有关的工作,这些工作的各种成果与我们的社会息息相关,给社会带来巨大的影响。可以说我们工作和行动的好坏最终决定带给普罗大众的结果的好坏。这么考虑的话,我们就不允许有我自己的工作全部由我来做主的想法。一旦记住了这条规则,大家就不会允许按照个人的好恶来行事。

比如今天太热了,本该自己考虑的事情就先放一放,那么自己的工作就会通过相关的六万人,对社会产生消极影响。这一点上,大家和我都是一样的。只要身为六万人中的一分子,就会产生影响。我们每一个人对这一问题的重视程度,决定了公司在社会中的重要程度。

松下电器是由六万人组成的一个集体,大家共同完成同一个工作，工作结果会对所有人以及社会大众产生影响。所以，不能仅凭借个人意志来判断事物，这是一个非常重要的原则问题。只要大家成为公司的一员，就必须对这一责任有深刻的思想觉悟。

如果是一个人生活在孤岛上，那还有可能按照自己的想法来生活。但身为社会一员开展工作，就不能仅靠自己个人的想法来评判事情的是非善恶。

第三章

要有股子心气劲儿

员工必修课

小孩子才吵架

今天大家聚到一起,我非常开心能为大家讲些东西。因为这个活动本身就是应大家的要求举办的,所以我也大胆讲一些平时不好说的话。光讲一些漂亮话的话,最后还是只能流于表面。

我感觉最近的日本政府只讲漂亮话,所以看不懂其中的实际情况。这样的话,根本没有办法创造出富有生命力的政治。非常亲近的朋友之间在争论的时候,会使用非常粗鲁的语言,旁边不认识的人听到谈话还以为他们在吵架。但是,因为二人之间有着兄弟般的深厚感情,所以无论使用怎样粗鲁的语言,都能马上明白对方的意思。这告诉我们一个非常重要的道理。我希望日本政府也能对国民采用这样的说话方式,换言之就是讲实话。而实际上,政府只讲一些迎合大众的漂亮话。如果对他们的话信以为真,总会出现完全相反的事情。这对全体国民也好,对政府自身也好,都是巨大的损失。

在公司与各位之间,情况也是一样的。社长也好公司干部也好,如果什么事情都听员工的,或者光用甜言蜜语跟大家沟通,想必大家听起来都很舒服。但是这样一来,真实的想法就无法被传达。所以,无论什么时候,好就是好,坏就是坏,应该根据实情进行交流。

如果只是想一想的话,谁都可以做到,但真到了需要实话实说的时候,却又很难说出口。最近,有这样一种倾向,人们稍微听到一些不顺心的话就会生气。但是,仔细想一想的话,人越长大就越不会生气。如果家里有上小学的兄弟俩,他们肯定会经常吵架。等他们到了上中学的年龄后,就不怎么吵架了,当然偶尔还是会吵架。等到了上大学的年纪,几乎就不会再吵架。等再慢慢长大一些,就完全不会再吵架了。这样的事情,想必大家都有相同的体会。但是，现在的日本人一听到不同的意见或者有人说不顺他心的事情就会生气，这说明日本整体上尚未成熟。在国外这也许不会成为问题，但在日本却是一个大问题。我们需要尽快变成熟。

从这个意义上来看，今天聚到一起的各位，是已经成熟的成年人还是尚未成熟的小孩儿呢？在我这种年龄的人看来，大家都还相当于小孩儿。当然大家实际上已经不是小孩子了，而是非常成熟的成年人。不管世界怎么变化，我对大家的期望就是讲真话，做真事。这也是我的真实想法。

员工第一课

大家要么高中毕业要么大学毕业，可以说都算得上是知识分子。大家现在作为松下电器的员工，有着什么样的想法和思想觉悟？毫无疑问，大家肯定有各种想法和相当高的思想觉悟，并且今天能够聚集在这里听我讲话，我想也正是因为大家想坚定信念、提升觉悟。这一点，令我非常欣慰。

从很早以前起，我就经常将大家召集到一起，每次都讲很多事情。比如公司现在是什么样的状态，接下来做什么样的工作，大家应该如何考虑事情，希望大家能有什么样的工作态度。这些事情也是非常需要的，在这么多想法的基础上，公司逐步发展而来。随着公司规模逐渐扩大，员工人数也不断增加。

这样一来，当员工人数增至一百人的时候，社长的工作就已经很忙了，等员工人数增加十倍变成一千人的时候，社长还是只有一个人。所以工作沟通和商务谈判方面的工作量都会增加。但是社长始终是我一个人，因此会比以前忙很多。等到员工人数再增加十倍达到一万人，社长仍然还是一个人。但是，工作沟通和谈判方面的工作量与员工规模为一百人的时候相比增加了一百倍，所以就会忙得不可开交。但是，人的精力是有限的，不可能所有事情都自己来做，只能把最重要的事情交由自己来做。即使如此，还是会很忙。如果领导者承受不住繁忙的工作，最终会导致公司经营出现问题，严重制约公司的发展。所以说，社长这一岗位的责任重大，是一项非常难做的工作。

松下电器的员工如今已达到三万人，此外还有一百多家与我们存在关联的公司，与这些公司之间的谈判工作也必须由社长来做，尽管社长只有一个。我深刻感受到社长的工作实在辛苦。考虑到这些，再加上我无论是体力还是年龄、精神，甚至知识方面都开始走下坡路，如果我仍坚持坐社长位子的话，对公司不是一件好事。因此，为公司员工着想，再进一步为无数客户的利益着想，我想还是让更年轻有朝气的人来做社长更合适。所以，今年一月份我卸任了社长之职。

基于这些亲身经历，我深刻感受到公司社长其实是非常值得同情的。如果大家也能够逐渐理解公司社长是值得同情的，那公司一定会更加兴旺。如果员工只觉得社长的工作就是玩儿，其实什么也不用做，或者说社长不用怎么工作，干活儿的都是员工，那么按照我的经验，这样的公司肯定不会快速发展。一个国家，可以说也是同样的。回顾历史，无论是发达国家还是发展中国家，都存在类似的情况。只要领导者不是受人尊敬而是令人害怕的，那么无论是国家还是团体，都不会发展得很好。这是一个非常明显的事实。

我希望大家能够理解社长的工作是多么忙、多么重要，这才是员工应该上的第一课。一家公司内有多少员工能够理解社长的苦恼，说苦恼可能有些不妥，应该说同情社长立场，这类员工的多少可以判断这家公司的强弱。

我现在已经从社长的岗位上退下来，回顾发展至今的历程，尽管我不算成熟可靠，也缺乏学识，但是从担任社长这一职务方面讲，得到了大多数员工的认可。同时公司内尽力帮助社长的氛围相当强烈，这带来了公司的发展，也为公司后来的发展夯实了基础，对此我深有体会。如果那个时候，大家想的是社长没有什么学问，他可胜任不了社长的重任，如果公司里是这种氛围的话，大概我们公司到达不了现在的高度。正是大家在这一方面做得非常好，才有了公司今天的面貌。

像这样，员工理解社长、副社长、专务、常务等领导的辛苦是一件非常重要的事情。同时，社长和公司其他领导者也要充分理解员工，对大家的工作和付出的辛苦要表示深切的感谢。如果能像这样互相理解，那无论什么样的事业都能取得成功。如果员工觉得如何善于用人、如何做好指导工作只是领导者的责任，跟自己毫无关系，只要领导者满足自己的要求就认真工作，所有责任都在领导者一人身上的话，即使领导者再优秀，也很难获得事业的成功。

要有"我就是社长"的心气劲儿

领导者与员工之间都有这样的想法,并自然融合达到一致,产生的力量可以解决任何问题。从一家公司内有没有这样的氛围,或者这种氛围的强烈程度,可以轻松地看清这家公司的未来。

尽管如此,经营公司不是一个人的事情,也不是每个人单打独斗能够应对的,整个公司必须团结一致才能将公司经营好。每个人都有各自的世界观和人生观。但是,涉及企业发展的问题,我在前文中提到的问题就非常关键。作为公司员工,不能止步于自己的工作,还有非常重要的一点就是要希求公司的发展。只要心中希求公司的发展,那么我刚才所说的事情,也就能够做到。只要持久贯彻,公司必然能从领先日本跨越到领先世界。此外,成为领先日本、领先世界的公司,也意味着对社会、对国家、对世界都会做出相应的贡献。我们的想法就是迈向这些目标的第一步，最终必定会成就伟大的事业。

只要日本有更多这样的企业，日本就一定会跨入发达国家的行列。这些企业规模进一步扩大，企业与企业之间建立合作机制，就有可能成功超越世界先进国家。前进之路其实非常简单，但是只有学好我刚才讲的员工第一课，一切才有实现的可能。

我们公司能做到今天这么多业务，其实也只是以前在这些方面做得比其他公司略好一筹。如果我们能将这一状态继续强化，那么将来一定能像我所讲的那样，成为世界领先的公司，然后使国家发展到与发达国家一样的水平，并继续发展下去。

既然大家选择了松下电器，那么一定要饱含感谢之情，怀着强烈的希望努力实现我们的终极理想，而不能浑浑噩噩地只想干好自己的分内工作，这样的想法是非常靠不住的。

给大家讲一段战争时期的往事。我当时跟某家公司的一位员工成了忘年交。他的工作是出售公司名下的一家工厂，所以找到了我。当时他跟我说："东京有一家这样的工厂，松下先生您能不能把这家工厂买下来。这家工厂发展前景非常好，如果松下先生您能买下来的话，那家工厂将来一定能发展成非常优秀的公司。"然后他花了三十分钟左右的时间介绍工厂的情况和买下后对松下电器有什么好处。

那个人当时还非常年轻，但他的工作热情让我非常感动。

"明白了，既然你这么强烈地推荐，那我就接手来经营吧。"

"松下先生，真的可以吗？"

"一定，但是我有一个条件。"

"是什么条件呢？"

"我们自己的公司，现在其实也正是发展的时候，非常需要各种人才。所以，如果你答应加入松下电器并经营这家公司的话，那我就买下它。你意

第三章　要有股子心气劲儿

下如何？"

没想到那个人马上就拒绝了我。

"松下先生，这个条件我无法答应您。因为我就是社长，现在没有办法辞掉公司的工作。"

"咦，你刚才说你是社长，难道你不只是个员工吗？"

"确实我的身份是员工，但是我在心里却把自己当成社长，所以社长是不能跳槽去其他公司的。"

听到他的回答，我不由得赞叹他了不起。之后，我们哈哈大笑，我在心里感慨他的想法真是了不起。

越是这样，我反而越觉得与收购公司相比，我更希望得到这个人才。但是我不会挖别人家墙脚，这是我一直以来的信念。换位思考，如果是我的优秀员工被别人挖走的话，我一定会难受，而且会坚决反对，所以我一直坚持不从其他公司挖人的理念。但是我还是想得到这个人才，因为我已经完全被他的魅力所吸引。我要想办法正式吸纳他，而不是偷偷摸摸地挖人。于是，我找了一个与他所在公司社长关系熟稔的朋友，跟他商量。

"事情是这样的，我很欣赏××公司的××员工。但是我又不能去挖别人公司的人，能不能想想办法让那个员工成为我的人？"

我这位朋友马上领悟了我的意思："我明白了。这是件好事啊。你的公司和那家公司未来肯定会携手合作的，到时候他不就是桥梁吗？这是对双方都有利的事，我去办。"然后他就去协调这件事情了。但是对方回复："如果是那个员工的话不可以。即便是松下先生来求，也是不可以的。"

如果我的朋友就此作罢，那么这件事也就没有后续了，但是他并没有放弃。我的那位朋友是一位很厉害的成功人士，他是这样说服对方社长的："你别这么说，就让给松下先生吧。这跟给松下当养子不是一样的吗？你们公司本来就很优秀，松下电器也在不断发展壮大，这样一来，将来你们两家企业需要合作的时候，有那个员工这层关系在，对你的公司，对我都会有好处。就听一听松下先生的建议吧，这会是一桩大买卖，跟大买卖没啥区别。"是不是非常厉害？社长被他的热情和意志所打动，答应了我的请求。

"松下先生，虽然我很不舍，但还是让给您吧。"

"真的吗，那太感谢了。我很高兴他能成为我的员工。"

就这样，这位员工成了松下的一分子，做了我的部长。我曾认为他将来会在松下大放异彩，但遗憾的是，日本战败后松下电器不得不缩小规模，那个时候这位员工向我提出辞呈从事其他行业去了。

"你一定会成功。我希望你留在松下电器，但是进驻军出台了很多法律，想要肢解松下电器，公司前途未卜。有志者此时必须立下志向，从这个意义上说，由我来助力你完成自己的志向吧。"

就这样，这位员工离开松下单干去了，后来他在其他行业也做得非常成功。

大家是否有他那样的心气劲儿呢？他不认为自

己只是一名员工,把自己当社长看。虽然那个时候他还只是课长级别,却已经有当社长的抱负。大家是否也在心怀这样的抱负努力工作呢?如果是的话,在职场中就能够发现新天地,迅速成长起来。

因材施用

现今，日本最大的缺点就是封建。比如，公司普遍将入职时间跟一个人的地位和岗位挂钩，这就是日本封建的一种体现，非常可笑。美国就没有这种情况。有经验的职场老人我当然很尊重，但要根据这个人的能力表现、工作是否踏实、能力是否持续提升来决定是否晋升这个人，这么做才能激发所有人的活力。

谁都不躺平懈怠。能者居之，因材施用。正因为如此，美国才会有今天的发展。日本虽然并非无视人才，但根据入社时间先后来提级定岗的做法存在明显的不良影响，这么做无法实现因材施用，且效率十分低下。我认为，这正是今时今日日本仍在中等收入国家水平止步不前的证明。

我曾去美国走访一家机械公司。刚开始见到的是三位技师，年龄都在四十到五十岁之间。我们在交谈提到某个问题后，他们说："这个问题等技师长来了以后让他讲解吧。"等了一会儿，技师长终于来了，是一位二十八岁的小伙子。看到这位二十八岁的技师长，我十分诧异。我问技师们："你们在这里工作多久了？"他们回答说："二十多年了。""那么技师长呢？""三年前入职的。"三年前刚刚入职，一个只有二十八岁的人成了技师长。

那家公司规模很大。在这里勤勤恳恳工作了二十多年，使公司发展到如此规模的员工，可以说是有功劳的元老。但是他们心甘情愿地在二十八岁的新人技师长手下工作，并且认为这是理所当然的事情，没人觉得"真没意思"。这是因为他们都明白，具备技师长应有能力的人才会被雇用，所以这个人是能够担当起技师长职责的，因此没有必要发牢骚，只需要配合就行了。

四十三岁的肯尼迪凭选举就任美国总统，所以任何人都不应该有意见。而如此年轻的总统只有在美国才有可能发生,在日本绝无可能。我曾对一位非常优秀的国会议员说:"你很快就能升任副部长了吧。""不会的,松下先生,那是不可能的。""为什么不可能?""我还只是一年级的学生呢。""这很奇怪啊,即便是一年级,足够优秀不就行了。""不,是不可以的。要根据现在是几年级,当选过三次还是五次。这次升任副部长的人就是从当选过五次的候选者中选出来的。"

在日本,国家如此,公司亦如此,所以可以说日本没有在该用力的地方竭尽全力。我刚才说到的美国技师的故事发生在1951年,那时候我已经深切地感受到"这才是真正的民主主义"。美国建国后仅用了二百年就积累起现在的财富,达到今日的繁荣,其原因有很多,但我认为非常重要的一点在于它有创新思维。

我认为民主主义也应被称为繁荣主义。对民主主义的解释很多,比如有人说它是尊重个人人权的主义,但我认为民主主义就是繁荣主义,每个人都能被因材施用，然后才会实现繁荣。大家会讴歌民主主义的某一方面，比如在民主的世界自己的话能被人听见，或者民主世界很平等，等等。我不反对这些观点，但我觉得大家忽略了更重要的民主主义的使命。正因为此，日本才会停滞不前，而且一旦进步太大就会陷入僵局。

独善其身不等于天下太平

当今日本经济正处于水深火热。众所周知，资金是不够的。所有公司都没钱，松下电器也很有可能就要捉襟见肘了。就算是超一流企业也只能支付一半奖金，另一半暂时先缓发的情况越来越多。

最近我去了东京。东京的情况很严峻。跟我见面的人说："一直受我照顾的你公司的某位员工最近来找过我，因为拿到了奖金所以特地来感谢的。他对你们公司赞不绝口。"我问："他说我公司哪里好？""他夸赞你说：我们公司真是没话说，奖金全额发放。现在有很多公司都不发的，我们老爷子太伟大了。"我听了以后特别高兴。

就像刚才说的，日本虽曾取得飞跃式发展，但最近有点走进死胡同的感觉。也就是说，最大的问题是外汇变少了，目前只有十四亿美元外汇。大家想当然地觉得有十四亿美元呢，有什么好担心的，但最近调查完十四亿美元外汇的真实情况后，我大吃一惊。

十四亿美元外汇中包含了借给外国的钱、日本入股世界银行的一两亿美元，以及此前借给印度尼西亚收不回来的一亿五千万美元，这些都算到里面了。这就是十四亿美元的全部，事实是能用的资金一分没有。

我很惊讶。对于这些事实，老百姓基本都是被蒙在鼓里的，我之前也不知道。就在大概十天前，新闻报道说日本资金不足，只有两亿美元，所以借了两亿六百万美元。如果有十四亿美元的话，就不用去借区区两亿美元了，但十四亿美元的实际情况如此。我们手头其实一分钱都没有。

这就是日本的现状，其实已经身处悬崖摇摇欲坠了。没有外汇就不能给外国支付，就不能买入材料。没有材料，日本的部分工业就会陷入窘境、面临危险。然后政府就会想："形势太严峻了，必须想办法存储外汇,不然会影响国家的稳定运行。积累外汇的办法是减少进口,增加出口,除此以外别无他法。但是日本目前消费市场非常活跃,人们用的东西越来越多。虽然一方面来说这是好现象,但使用材料还是必须买入,这样外汇就会减少,因此到达一定程度后只能停产。"停产的方法,首选就是不提供贷款。拿不到贷款,企业就无法扩大经营,就无法生产,这样一来进口量下降,然后政府开始收紧金融政策。

如此一来,就像我刚才说的那样,一流企业虽然有资产但没有资金,因此陷入连奖金都无法发放的窘境,或者只能延迟发放。之前客户会在每月月底准时将钱款付过来,如今却不能准时付款了。大家都如此,那我也只能照做,由此一来整个业界、整个社会的资金流就会恶化,各家企业都为钱所困。

解决问题的办法就是增加出口,但出口一直无法提振。这样下去的话,经济越发膨胀,其实是非常危险的，而大部分百姓应该并不了解形势有多严峻。

前天，我到百货店做了一天的店长。收到邀请的时候，我还在想这真是一件麻烦事，但是那家百货店是我们的大客户，我跟他们社长也是老相识，没办法拒绝，只能应承下来。我很久没有去过百货店，这次去了感到非常吃惊。进到百货店里，发现店里人头攒动，看上去一派欣欣向荣的景象，让人完全联想不到社会上天天喊的不景气、经济困难。原来这就是所谓的消费景气。

这种表面繁荣的背后，国家经济却正在面临危险状态，两者之间的差距竟然如此悬殊。但是，普通民众对此却并不了解，只要自己的口袋里不缺钱，那就天下太平。但是，国家经济已经到了非常拮据的地步，这种情况迟早会波及国民个人。

趁着危机尚未波及个人的时候，将经济转向良性发展，有人觉得这个责任在政府。当然这样的想法也有一定的道理，但我认为归根结底还应该靠全体国民。我觉得现在已经到了必须全体国民团结一致,使日本迈向繁荣的关键时刻。

长久以来,大家都是自说自话地只讲对自己有利的东西,互相指责对方的错误。这样的行为,不会带来日本的重建,或许能带来暂时性的虚假繁荣,但是绝对无法实现稳定恒久的繁荣。只有各阶层的国民一心同体,互相交换意见,在争论中携手前行,才能给日本带来真正的繁荣,而现在正要迎来一个这样的时期。

但是,日本的议会又是什么样的呢?本该成为我们的模范,引导我们前进方向的国会议员们,在国会做的事情只有吵来吵去,而这幅情景是比较具有日本特色的。在国外,人们也会有意见相左的时候,但是很少出现像日本这样争吵的状态。人家通过互相辩论来寻找更好的解决途径,最终通过投票少数服从多数。这其实是非常简单的事情。

"黎明国会"这样的东西根本就没有必要。如果是明天不第一时间宣战,就有可能受到攻击,那样的情况下还有可能需要"黎明国会"。但是，现在是和平年代，根本没有值得举行"黎明国会"的紧迫问题，每一期国会期间政客们却都把国会开到深夜。简直就是荒谬绝伦。然后就是政治上的拖延，倒也不是说执政党和在野党哪边的对错，较真儿起来的话，双方其实都有责任。

鉴于目前的这个状态，我们不能全依赖政治，不能只寄希望于政治。最终还是要大家携手共同为国家的稳定繁荣做出自己的贡献，这才是我们真正的使命。在这里给大家讲这个事情，是希望大家能够对这一想法加以重新思考。

日本目前就是这样一种陷入僵局的经济形势，经济方面的僵局迟早会体现在政治上。好不容易走到今天的繁荣景象，虽不至于毁于一旦，但是如果在这里止步不前的话，因为其他国家仍在大步前进，大家之间的差距会越来越大。等到必须在世界舞台上开展经济竞争的时候，日本就会毫无胜算，而现在已经到了最为关键的时期。

直面困难,积蓄力量

1929年,也出现过与当前类似的经济危机。当时松下电器的员工仅有一百人左右,工厂工人也只有不到四百人。每天打开报纸,都能看到这里那里的银行倒闭的消息。今天刚看到这家银行倒闭的报道,第二天早上的新闻又报道另外一家银行倒闭。当时完全就是一种如同捅了马蜂窝般的混乱状况。

我们公司的商品当时也销量暴跌,公司处境非常糟糕,所以我就考虑怎么才能摆脱当时的困境。选项只有两个,要么把人员减到一半,要么就是再贷款维持公司经营。但是,贷款这条路是绝对行不通的,因为银行不断倒闭,他们绝对不会再给我们放贷。所以唯一的选择就是将产品产量降低一半,但是降低产量就会出现人员冗余的问题。这是我人生中遇到的第一个重大难关。

当时的最终结论是通过降低一半产量来节约资金。但是，好不容易来到公司的员工，哪怕是一个人，我也不希望他们离开。所以，我让工厂工人只上半天班，剩下半天放假，工资还是按照全额发放。然后再等待时机。采用这样的方法，资金不足的问题得到了稍许缓解。

但是关于店员，按照现在的叫法就是营业员工，这些人是不能放假的。我当时跟他们说，不管怎么样，至少先拼命做好销售工作。所有的店员都表示："完全没有问题，我们都放弃休假，星期天也出去跑销售。"就这样开足马力干了两个月左右，原来堆满仓库的库存商品终于销售一空。后来工厂恢复全天上班的状态，我们终于安全渡过了这一大难关。

通过这件事，出现的最大变化就是，员工经过这样的体验后真正实现了脱胎换骨。只有在面对困难的时候，丝毫不改变自己的志向，坚信能够克服困难的强大意志才能带来无与伦比的力量。在那之后，松下电器的发展一帆风顺、欣欣向荣。如果我在当时的困境之下，轻易选择了解雇员工或工人的方法，那么大概率也就不会有松下电器今天的成功。

当时还没有现在的劳动工会，如果人员冗余还是可以相对容易地辞退员工的，其实裁员也是当时一般企业的常规做法。但是，能不能这么做先另当别论，在我看来，这是绝对不可以的事情。好不容易来到公司的员工，我无法辞退他们，所以采用了当时的做法。经过那件事情，当时每一位员工心中都深深刻下了这样的想法：只要做就能成功，无论什么事情只要做就能成功。这样的想法也给公司带来了无与伦比的力量。

有了那次的经验，即使当前经济形势面临与当时同样的情况，我们绝对不会有任何迷茫，哪怕多少有些困难，也可以将全公司员工团结起来，现在就是积累新经验的关键时期，无论遇到什么事情，都可以十二分地努力开辟新出路。如果日本的议员们在议会不再争吵、经济产业界团结一致、国民一心一意努力追求日本经济真正的繁荣，我认为日本就可能从中等收入国家进入发达国家的行列。

是改变现状，还是维持目前的停滞、低迷，这取决于我们每个人的决心。幸运的是，你们都比我年轻，并且都是能直面困难的人。等大家到了我这样的年龄时，即便心不老，身体也承受不住了。但是你们现在正拥有年轻的体魄，就是受凉也不会感冒。可以说你们真正锻炼自己的时刻已经到来。

公司的发展一直顺风顺水，对谁来说都是求之不得的事情。但是一直如此的话，社员不知不觉间就会成为温室中的花朵。在发展的过程中不断出现困难，不畏惧困难，欣然面对并最终克服它，只有在这样的不断挑战中，国家也好企业也好，才能真正实现持续发展。

这样锻炼出来的员工会更强。从这种层面来讲,一直顺风顺水的公司反而是不幸的。面对发展过程中出现的诸多问题,坚定个人意志并勇于突破困境,反复积累经验,对于我们的漫长人生来说是非常重要的。

有句老话说"有苦,欣然吃苦;没苦,即便花钱买,也得吃苦",我们从小就是被这么教育着长大的。不要做一个贫穷、意志薄弱、讨厌吃苦的人,苦尽甘来,吃得苦中苦方为人上人,这些才是真正的人生,这样做才能成为真正厉害的人。只靠知识和学问是不够的,只有当冲破困境后的坚定意志在心里深深扎根,曾学过的知识和学问才会发挥作用,没有根基的学问知识反而会成为绊脚石,成为你们成功的绊脚石。这些教育人的话都是我曾听过的。

那时候我也觉得这些话真过分,但经历漫长人生之后再回首才深刻感受到,这些话是多么宝贵。所以,我觉得把这些话说给大家听是很重要的。希望你们每个人结合自身的实际情况和思考,将其理解并吸纳,能在遇到某个机会的时候派上用场。

开拓方能改变命运

我们要用自己的双手去开拓人生,并且要确保自己的行为对身边的人是有积极价值的。不要只想着壮大自身、为自己谋利,要同时想着帮助周围的人,只有这样才能实现真正的发展。

我们经营公司的时候,会与同行展开激烈的竞争,这是不可避免的。但是,竞争必须是良性的,不得在竞争中带有任何不良念头,这是我从业以来一贯的指导方针。要始终如一地与同行保持良好关系,虽然是竞争关系,但绝不做卑鄙的事情,不采用搞垮对手、加害对手的竞争方式,而要把对手公司的存在看作是对我们的激励,将对方视为我们的激励之神。我对我的员工说,一定要用发展的眼光看待竞争公司。

以前有的店里经常会出现"打倒松下"的标

语，是竞争意识强烈的公司所为。公司员工对此十分愤慨："太过分了，我要以牙还牙！"但我说："任何时候，'打倒某某'之类的都是不可取的，说这种话的公司早晚有自食其果的时候。竞争没有问题，竞争是必需的，但是必须采用正确的方式。"就这样，我们走到了今时今日。国际竞争也是如此，我认为也必须是良性的。我们是办实业的人，同时也应该是绅士，必须推行良性经营。

集思广益

我认为,松下电器不属于某个人,它是姓"公"的,是社会公共机构。我们将它托付给彼此,所以要珍惜它、重视它,这也是我们的指导精神。它不属于任何个人,虽然它有十万位股东,但它并不属于股东。松下电器的实质是社会公共机构,一个出色的生产机构,我们在这里忠实地、诚实地履行着自己的职责,这个任务是社会赋予的。我一直抱有这样的想法。维持并进一步扩大这家企业,全部都发自这样的强大且高尚的责任感。

希望各位也如此。一定不要觉得,我只是一介小小的员工,再怎么努力也不会对公司有什么影响,就随便做做吧,而要像我刚才所说的那样,带着把自己当作社长的想法,想着自己正在公司重要的岗位上工作。如果大家能做到的话,公司无论如何都会发展。社会对这样的公司抱有很大的期待，我们应该积极回应这种期待。

个人的成功相对来说是比较容易实现的，那是因为只有很少人能按照上文的想法来工作。但是，如果大家都抱有独善其身的想法来工作的话，那样就很难做好。不知道这算幸运还是不幸，很多时候不幸的情况会更多。所以，只要大家稍微能有这样的想法，那么整个公司都会闪闪发光。

大家心中可能也有很多想说的事情，这一点我非常理解。所以，还请不要有任何顾虑，尽管放心跟我说即可。我之前也反复提倡，大家必须集思广益，利用集体智慧来经营公司。小到一个小组，大到一个部门，都需要利用集体智慧来进行经营，当然整个公司同样适用。一个部门更是如此，大到整个公司当然也同样适用。

想要利用集体智慧，首先需要考虑如何才能把集体智慧集中起来，另外也需要每个人发挥自己的聪明才智，然后利用大家的智慧来经营公司。古人很早就说过"三人凑一起就有文殊菩萨般的智慧"，那么十个人凑到一起，智慧就会多到让人发愁。但是，如果十个人凑到一起都没有什么好点子的话，那说明大家都没有发挥自己的聪明才智，这也是不行的。为了让每个人充分发挥自身的聪明才智，首先要让大家可以开诚布公地畅所欲言。员工可以在主任面前轻松地表达自己的意见，主任也可以在员工面前轻松地说自己想说的话。简单说就是像朋友一样交流，当然还要严格遵守各项秩序。这样一来，就可以做到快乐工作。

大家如果有任何想说的话，尽可畅所欲言。公司完全没有压制员工想法的意向，因为这样一来大家的智慧就会无法表达，对公司来说只有坏处。

换位思考方能判断价值

在很久之前，我突然有这样一个想法，现在我是公司的社长，社长每个月拿这么多的工资。然后，我一个人至少应该给公司赚我所拿工资的10倍以上。如果做不到这一点，我就应该辞去社长这一职务。

比如一个人每个月的工资是两万日元，如果他不好好工作，连一万日元的聪明才智都发挥不出来的话，对公司来说其实就是一种损失，这样的话公司只会走下坡路。哪怕不要求给公司赚10倍的钱，至少应该赚5倍。如果一名员工每月工资是3万日元，那么他就需要坚信自己可以给公司赚到15万日元，也就是需要考虑自己的工资和给公司带来的利润。

可能有人会说，这个只要看公司决算，那还不是一目了然嘛，从总收益的层面看，确实是这样的情况。但是，实际上并不是这么简单的事情。如果没有扯大家后腿的人，实际上可能会赚更多钱，公司会有更多利润。这样国家可以收更多税金，用这些税金来帮助需要帮助的人。从结果来看，也就是大家在帮助需要帮助的人。不知道大家有没有思考过这种联系。

要培养一名大学毕业生，国立大学的话，上大学的四年时间内，国家要花费几百万日元。这些费用是从哪里来的呢？就像我前边所说，大家拿一万日元的工资，付出两万、三万日元的工作。在这三万日元的工作成果中，一部分就会成为税金，这些税金的一部分被用于大学教育支出。大学生不理解其中关系，所以他们也不会对大家鞠躬致谢。但实际上，我们用汗水换来的收益中有一半会进入政府的税收。税收中的一部分再被用于大学教育。其实源头还是我们，最终受益的人是学生。

我们所缴纳的税金，为国家做出了贡献，为社会做出了贡献，也为大学生进入社会成为优秀员工做出了贡献。这是大家的功劳。想到这些，大家是不是感到非常自豪？我们在内心可以这样想：那个人能去上大学，其中也有我的贡献。

想到这些，大家是不是就会觉得为了拿到两万日元的工资，果然还是得付出十万日元的工作。如果大家自己经营企业雇用一两名员工的话，也一定会这么考虑的。一定会盘算，给员工月薪两万日元，他能做多少工作，并且马上就能计算出来。但是，到了我们这样的大公司，其实就很难计算清楚了。有人可能平常会说自己的工资低或者高，其实只要换位思考下马上就能明白。

这个事情看起来无足轻重，但其实是非常重要的。常说的能够进行价值判断，说的就是这个。只有能够设身处地地进行换位思考，才能真正进行价值判断。一味从他人那里获取，是无法进行价值判断的。只有自己花钱购买，比如说这个东西花了三十日元，脑子里才会有概念，这个东西大概值三十日元。这样来进行价值判断。不花钱就能得到的东西，是无法进行恰当的价值判断的。同样的道理，通过这样的积累，才能形成经济观或者说经济知识，才能产生真正的价值判断能力。没有这些积累，价值判断也就无从谈起。刚一开始形成的价值判断，也有可能只是似是而非的浅薄观点。希望大家切身体会和认识这一点，那将是非常有意思的一件事。

自己重要，别人也重要

跟以前不一样，公司现在逐步发展成了大企业，越来越多的人只要能进来，基本上就会考虑一辈子在公司工作。也就是说，我们是值得大家托付终身的公司。既然大家愿意把一生托付给公司，那么对各位来说，公司就是极为重要的。无论是公司的工作内容还是公司的信誉，这些东西综合起来就是大家工作的公司。对公司，大家持有什么样的观念，也是非常重要的事情。

当下，无论是爱公司之心还是爱国心，都已经被视为老生常谈了。但是，没有爱公司之心和爱国心，公司和国家就不会有强有力的发展。看看现在世界上发展迅速的国家，全部都是其国民有爱国心的。因为国民具有强烈的爱国心，国家才会得到坚强的守护，从而才能实现国家稳定。我觉得这个爱国心还需要加以发扬光大，扩展到帮助爱护他人。觉得自己身体健康很重要，所以就很爱惜自己的身体，这样的想法对待他人也一样要有。反过来，他人的事情很重要，所以对待自己就可以随随便便，也是不成立的。

我们目前备受社会期待，拼命做好自己的工作。大家作为公司一员，把公司当成终生工作的地方，还请务必认识到公司是非常重要的。这样的话，公司就可以不断发展壮大。等到大家退休的时候，大家的后辈还会接力下去，继续经营。

公司不是只在我们工作的时期内存在的，我们的后辈若干代都会在这家公司工作。所以，还请各位员工，务必把公司看成是为社会服务的公共机构，尽情燃烧满怀的激情，使公司变得更好。为此，还请毫无保留地提出意见，发挥大家的集体智慧，努力完成公司肩负的使命，这是我对大家最大的期望。

松下电器住宿生大会

于国民会馆

1961年12月

> 作者寄语

直面困难，积蓄力量

1929年经济危机的时候，我们公司的商品严重滞销，公司处境非常糟糕。我就考虑怎样才能摆脱当时的困境，最终结论是通过降低一半产量来节约资金。员工一名都不减少，工厂工人改成上半天班，半天休息，但是工人的工资继续全额发放。然后等待好转的时机。

但是，除工厂工人以外的其他员工并没有休息，甚至连星期天都要工作，我跟他们说，不管怎么样至少先拼命做好销售工作。所有的店员都表示："完全没有问题，我们都放弃休假，星期天也出去跑销售。"就这样开足马力干了两个月左右，原来堆满仓库的库存商品终于销售一空。然后就恢复到了工厂全天上班的状态，公司终于安全渡过了这一大难关。

通过这件事，出现的最大变化就是，员工拥有这样的体验后真正实现了脱胎换骨。只有在面对困难的时候，丝毫不改变自己的志向，坚信能够战胜困难的强大意志才能带来无与伦比的力量。在那之后，松下电器的发展一帆风顺、欣欣向荣。如果我在当时的困境之下，轻易选择了解雇员工或工人的方法，那么大概率也就不会有松下电器今天的成功。

公司的发展一直顺风顺水，对谁来说都是求之不得的事情，但是一直如此的话，社员不知不觉间就会成为温室中的花朵。在发展的过程中不断出现困难，不畏惧困难，欣然面对并最终克服它，只有在这样的不断挑战中，国家也好企业也好，才能真正实现持续发展。

员工第一课

首先，我希望大家能够理解社长的工作是多么忙、多么重要，这才是员工应该上的第一课。一家公司内有多少员工能够理解社长的苦恼，说苦恼可能有些不妥，应该说同情社长的立场，这类员工的多少可以判断这家公司的强弱。

回顾发展至今的历程，尽管我不算成熟可靠，也缺乏学识，但是从担任社长这一职务方面讲，得到了大多数员工的认可。同时公司内尽力帮助社长的氛围相当浓厚，这带来了公司的发展，也为公司后来的发展夯实了基础，对此我深有体会。如果那个时候，大家想的是社长没有什么学问，他可胜任不了社长的重任。如果公司里是这种氛围的话，大概我们公司到达不了现在的高度。正是大家在这一方面做得非常好，才有了公司今天的面貌。

像这样，员工理解社长、副社长、专务、常务等领导的辛苦是一件非常重要的事情。同时，社长和公司其他领导者也要充分理解员工，对大家的工作和付出的辛苦要表示深切的感谢。如果能像这样互相理解，那无论什么样的事业都能取得成功。

相互之间都有这样的想法，并自然融合达到一致，产生的力量可以解决任何问题。一家公司内有没有这样的氛围，或者这种氛围的浓厚程度如何，从中人们可以轻松地看清这家公司的未来。

第四章
员工的精力应该放在什么地方

健康为第一要务

我们人类自从降生到这个世界上，慢慢长大直到所谓的独当一面或者二十岁左右，终于开始能为自身考虑事情。这是非常自然的事情，也是生而为人自带的一种属性。自己将来应该做什么，或者想尝试什么样的事情。关于"成功"这一词语，世间有各种解释，但并没有明确、统一的答案。单纯世俗角度的成功，也是我们应该考虑的事情，或者大家也有过自己的考虑。比如有人想从事机械制造方面的工作，有人想做生意，每个人的想法都不尽相同，这也是理所当然的事情。

由这些问题开始，就会萌生出出人头地这样的愿望。关于出人头地，当然地位和收入也是其中的一部分。增加收入、提高地位都是令人称心如意的事情，周围的家人朋友也会为之感到开心。

第四章　员工的精力应该放在什么地方

"我的收入涨了这么多。"

"真为你感到高兴。"

无论家人还是朋友，都会为此感到欣喜。如果是地位得到提高，家人和朋友也会说"真是一件好事"，同样为你感到欣喜。

所以，自己追求能让家人和朋友开心的事情是毫无问题的，这也是一种了不起的态度。但是，到了一定年龄的人，把这样的事情当作唯一目的是不是合适。就自身长期的经验来讲，我最近一段时间越来越感觉到那是行不通的。

收入增加、地位提高这样的欣喜之事，对人们来说当然是需要的，但是对于人来说这些并不是全部。除此之外，能想到的还有很多其他东西。但是，我却无法进行详细的说明，因为这些事情很难全部进行解释说明，所以我也讲不好。但是，这里可以举两三个例子。首先，我们需要考虑的最重要的事情就是健康。收入和地位确实都很重要，但如果健康受到损害，这两样东西或许就再也无法获得。

这样来看,健康就像是出人头地背后的影子。收入增加、地位提高可以让家人感到欣喜。但是,如果在得到这些的同时失去了健康,那绝对不是让人感到欣喜的事情。一旦身体出现问题,肯定会出现很多令人担心的事情,甚至还会导致收入减少、地位降低。这样来看的话,健康是一个非常重大的问题。

第四章　员工的精力应该放在什么地方

导致不幸的陷阱

如果能够提高地位、增加收入，而且身体也健康无碍，这简直就是受到上天的眷顾。但是，实现了这些目标，让周围的人也感到欣喜，之后还会发生什么事情呢？这当然因人而异。收入增加后，以前想买的东西现在可以毫不犹豫地出手了，这能给人带来更多喜悦。这样做是毫无问题的，但是如何用好增加的收入也是一个问题。增加的部分应该用在什么地方？当然可以买家庭用品，比如买件家用电器。如果买电器的话，买哪家的好呢？我虽然想极力推荐一家，但在这里就不说是哪家了，因为我说了可能会被骂。这里只能意会，这样也很好。

除此之外，还有其他用途。比如，以前都没有怎么好好喝过酒，现在多少有了些富余，想着好好喝上一杯。那可以回家跟妻子对酌。

"还请喝上一杯。"

"那我就来一杯吧。"

只要一杯酒下肚,浑身都变得暖洋洋的。尽管平常很少跟妻子开玩笑,这时也可以盯着她的脸,笑眯眯地说道:"咦,你今天怎么突然变这么漂亮了?"

妻子肯定也会开心地说:"再来一杯吧。"

像这样,家庭会变得更加温馨、和睦。这样的事情,可以说是毫无问题的。但是,同样是喝酒,如果不是在家里喝酒,而是说"某某君,我们一块儿去哪里喝一杯吧",这也算不上是做坏事。但是出去喝酒的时候,有的地方还会有陪酒的女人。这些女人很会甜言蜜语哄你高兴,因为这就是她们的工作。听到这些甜言蜜语,你整个人都忘乎所以。到这一步,我也勉强觉得算是为了积蓄第二天的工作精力,也算是正面的事情。但是,如果继续发展,想着要不要握一下女人的手,到最终不胜酒力，回家后依然头痛不止。如果是这样的话，就完全是负面的事情了。这样的负面情况是由什么引起的呢？归根结底还是因为收入增加导致的。

这样来看，收入增加后，如果不能小心谨慎地加以使用，钱反而会给人带来不幸。关于这一点，我想大家都是不需要人担心的，但是步入社会就会发现这样的例子其实数不胜数。

用人的痛苦之处

地位提高也意味着会有部下。以前都是听从上司的安排："你去做××，做××。"

"好的，我来做。"

如果上司为人还不错的话，身为下属，实际上处于一种比较舒服的受保护状态。升职后位置发生了变化，轮到自己来给部下安排工作。但是，部下并不一定能按照你想象的来行动，也不一定能像你以前那样对上级言听计从。当然也有人能做到这种程度，但是一定也有部下做不到。经过刻苦学习、付出一番努力之后终于得到认可，地位得到提升，手下有了几名部下，成为领导之后才会发现，当领导是一件非常辛苦的差事。

当了领导之后，会为部下考虑做什么对他好而去指导他，但他本人却可能逆道而行。事态还有

第四章　员工的精力应该放在什么地方

可能发展为："主任这次太过分了，老是挑剔找事，把人当傻子一样。工会运动的时候，我一定让他吃不了兜着走。"这样的事也不是完全不存在，是很有可能发生的。地位提升，尝试用人后才第一次发现当领导有多难。

以前有句老话说"用人是件苦差事"。让别人为自己做事，绝不是件轻松的事情，真要让别人为自己干点什么，跟受罪没什么区别，那可是真正的苦差事。但是如果能不抱怨忍下去的话，就能够感受到喜悦，感受到那种用人得当后真正的成就感。

以前你回到家后可能会跟妻子聊起"我今天工作上遇到了××××，特别有意思"，一整个夜晚你们都会在欢笑中度过，但最近完全变了。"我想这样开展工作，但那个男的反对我。我实在是受不了。"你带着一脸的不爽回到家，妻子看到后问："你怎么一脸的不高兴啊？""没什么大不了的"，虽然可以这么搪塞过去，但这样的事情还是让人很苦恼，所以每天满脸都写着"不高兴"。

"你到底怎么了?现在晋升成主任,职位高了,不该高兴吗?为什么反而这副样子?"被妻子追问后,你回答:"实际上是这样的,我有个比想象中难管的部下,让我十分为难。""那你就去跟自己的上司诉诉苦不就好了?""嗯,我也这么想过,但还是感觉那么做不太好。自己的部下怎样怎样,我还是说不出口。"我认为这种时候你心中涌起的是一阵苦楚。我想,这也是人的一种无奈经历吧。

掌握工作的诀窍

人们一般认为,技术人员应具备应有的资格能力,即便这并非一件易事。具备真正的实力并被认可,无论是地位还是收入都会逐步提升。结果就会出现如前文所说的让人苦恼的问题。我认为,所谓世人,无论在什么时机、什么场合,无论处于什么地位,都会在一定程度上被苦恼所困扰。

人们经常说,人生于世间都会经历各种辛苦,我在小时候更是经常听到这句话。前辈教给后辈的第一条就是要学会吃苦,不吃苦就无法成长为独当一面的人才。从孩提时代到青年时代,我经常从前辈那里听到这样的话。当时,大部分人都只是素直地予以接受。因为是前辈所说的话,又是地位较高的人通过自身体验总结而来的,虽然只是一知半解,但也觉得应该是有道理的。听到前辈这么说,工作一天的辛劳和痛苦会被忘到脑后。

在滴水成冰的隆冬时节，用抹布打扫卫生是一件非常辛苦的工作。但是，一想到有前辈说过这样的辛苦也是走向成功的必经之路，就可以坚持下来。正因为能坚持下来，所以这种经历才能转化为自身成功的因素。如果只是觉得没有办法心不甘情不愿地做，那经历完这样的辛苦也得不到任何东西。经过前辈的提点，坚持再坚持，自然而然就能掌握技术性的工作。这样一来痛苦会减轻，辛苦也会减少。辛苦最终会转变成希望。

哪怕只是打扫卫生这种很简单的工作，如果能够吃苦耐劳、认真对待的话，也能发现其中的诀窍，越做越好，越做越有效率。打扫卫生不是简单地把抹布拧干，进行擦拭，你将遇到的第一个问题就是怎么拧抹布。自然而然地，你会研究是把毛巾拧到滴答滴答掉水的程度好，还是拧到干巴巴的程度好。我觉得应该会有合适的湿度和正确的拧法。只有这样，擦拭打扫工作的效率才会更高，不损伤擦拭的东西，同时能够更好地擦掉灰尘。这样做，自然而然就能掌握其中的诀窍。

大家也许会觉得擦拭打扫就是一项简单的工作，但哪怕是一项这么简单的工作，要做到极致的话，抹布的拧法也会成为一个重要问题，因为这将决定能不能做好擦拭打扫的工作。如果做更难的工作，其中诀窍的难度要大大超过如何拧抹布。为了掌握其中的科学道理和基本方法并加以灵活运用，就要先掌握基础工作的诀窍。

掌握工作的诀窍，绝对不是一项简单的任务，需要投入相当的精力。这也算得上是一种辛苦。但是，因为从青少年时期起就反复听前辈教导，不经历一番辛苦就无法成为独当一面的人才，这样的辛苦也就不再是一种痛苦，而会转变成希望。这样一来，也就可以投入更多精力来学习其中的诀窍。这也是学习技术和技能时的一个心态问题。

不知道现在还有没有这样的说法，在我年轻的时候经常听人说"有苦，欣然吃苦；没苦，即便花钱买，也得吃苦"。但是，对于对这句话有同感的人来说，原本必须花钱才能做的辛苦事如今做的时候还能拿到钱，真是值得感激。

第四章　员工的精力应该放在什么地方

我的学徒时代

　　这是很久以前的事情了。我最早开始工作的时候，半个月能拿到的工钱是五钱的白铜。那大概是六十年前的事情了，可能现在的人不好理解五钱白铜有多少货币价值，其实它的价值还是颇高的。当时我在大阪的八幡筋①工作，八幡筋有一家点心店。那家店卖的是小小的点心，价格一般是一钱或者两钱。所以，五钱只能买两三个这样的点心。但是，这小小的五钱白铜当时在我眼里已经是一笔数目不小的钱了。

　　为什么这么说呢？因为我在老家上小学时从未见过这么多钱。当年放学后我跟母亲磨叽上好半天，才能要到一文的零花钱，就是中间开孔的那种一文

---

① 地名，在大阪。"筋"一般指南北走向的道路。——译者注

钱。这样的一文钱,在糖果店可以买到两小块糖球,那也是我当时唯一的快乐。工作半个月就得到了五钱的零花钱,与之前在老家相比差距实在悬殊,因此当时我会把五钱视作一大笔钱。那可是我从来没有见过的五钱白铜,能拿到这么多,真是想都不敢想。

那是我离开母亲,只身做学徒半个月后的事情,那半个月里,我每天晚上都会因为思念母亲而流泪。当时一到晚上就莫名觉得非常寂寞,不由得眼泪就顺着面颊流了下来。但是,自从拿到五钱白铜的那天开始,我就有了一些小变化。人真的很伟大,这样的好事情给我当时尚稚嫩的心带来很大的慰藉。此外,对五钱白铜的感激让我忘记了当时的痛苦,把苦闷转化成了努力工作的动力。

我当时从努力工作中学到的一点就是"幸吉(我当年做学徒时的名字),你必须学会吃苦。光想着工作辛苦的话,是不会出人头地的。现在不管多么辛苦都要拼命地工作,以后一定会过上好日子的"。这是当时的东家常对我说的话。听的次数

第四章　员工的精力应该放在什么地方

多了，我在滴水成冰的隆冬时节用抹布打扫卫生时，当然辛苦还是会觉得辛苦，但是下一个瞬间就会想"要学会坚持，东家这么教过我，所以要拼命工作"，如此一来寒冷和辛苦就变成了希望。如果当时东家没有对我说这些话，我听到的是"尽量不要做辛苦的事情"这样的话，可能事情就会变成"这样的事情别干了，回家吧，这样的辛苦可受不了"。幸运的是，当时的前辈对后辈的教导是"要学会吃苦"。

另外，我在当学徒的时候，还有一次因为某件事被打了耳光。这件事我并不觉得自己做错了，当然也没觉得自己做得好。当时东家骂我"混蛋"，伸手打了我耳光。当然我是不能反驳的，哭也算是一种反驳吧。但是，我当时哭不是为了表达反驳，而是因为感觉自己很丢人。包括这样的事情在内，我认为自己也算经历过很多事情。那个时候的所谓的出人头地、所谓的做生意、所谓的学习锻炼，跟现在非常不一样。

豁出生命

究竟是以前的做法更好还是现在的做法更好，我们不能轻易地做出判断，只能说现在有现在的看法和想法，以前有以前的看法和想法。但是，如果要掌握一项技术的诀窍或者提升一项技术的水平，不付出努力是绝对不可能的。就这一点而言，不管是过去还是现在，一点也没变过。即便是现在，如果不付出任何努力、不集中精力，依然无法掌握任何一项诀窍，只有将自己的精力注入某件事中，才能掌握一定的技术。不同的时代有不同的教导方式和说话方式，但是任何一件事情只有付出努力、亲身践行才能真正掌握这一点，不管是过去还是现在，只要人类社会还存续一天，就一天不会改变。

如何在获得周围人理解的基础上进行这样的努力和钻研，我想具体的做法或许会随着时代的进步

第四章　员工的精力应该放在什么地方

而有所不同。但是，无论时代怎么变化，都不是借助他人力量所能实现的。所以，必须以自己的力量为主，在此基础上或许还可稍稍借助他人的力量。这次的技能讲习会也是一样，大家都是靠自己的力量再加上周围人的力量，才取得了今天的成果。借助这样的外力，可以取得进一步的提高和发展。但是，不管如何借助他人的援助，丝毫都不会影响自己主动努力和钻研的重要性。没有内在的自驱力，一切都无从谈起。

讲一个稍微远一点的话题。最近，宇宙科学获得了长足发展，我们以前无从想象的事情正在不断实现。当今时代已经可以发射宇宙飞船到距地球几百千米的太空。为了让宇宙飞船飞到太空，可以想象国家付出了多少努力，接受国家指示来做这些工作的人付出了多少努力。

在这样的努力下，才有了发展到现在的宇宙科学。但是，仅做纸面上的研究是无法取得这一成就的，最终还需要实际试飞才行，而最先乘坐宇宙飞船飞行的人可以说是在用自己的生命进行挑战。因为即使理论上可以安全返回，但实际上能不能真的返回其实没人知道。所以被选中的宇航员，一定都是做好思想准备的。无论是苏联的还是美国的都是一样的。

"由你来飞吧！"

"好的，我来！"

就这样，被选中的人豁出自己的性命来完成工作。正是这些需要用生命来挑战的地方促进了科学的进步。

现在，我们为了国家、为了社会、为了自己居住的城市、为了家庭、为了公司，或者为了自己，能在多大程度上做到豁出生命呢？换句话说就是，我们有没有做到为工作拼命。

努力工作这个谁都可以说，但是我觉得很难说有人能够做到拼命工作。当然，也不是说真的让大家为工作付出生命。但是，真正集中精神工作的态度跟豁出自己的性命来完成工作是类似的。集中全部精神来掌握和运用某一项技能,这样的态度与用生命来挑战工作是一致的。

这么来看的话,还是有不少人确实在拼命工作,所以也才有了日本现在的发展。但是,虽然有不少人做得来,从整体来看,却尚未达到理想的水平。这个问题值得每一个人思考。

希特勒为什么失败

通过报纸或其他信息渠道能知道当前日本的经济增长率比其他任何国家都要高，截至上一年度（1962年）确实呈现出这样的倾向。但是，今后是不是能保持这个状态，我对此深表怀疑。

举个其他方面的例子，我想当年希特勒面对混乱不堪的德国一定是愤慨激昂的，如果仅仅是为了个人的野心，我想他也完不成那么多的工作。希特勒正是从那样的状态出发，重建强大的国家的。大家对此一定有所了解。从当时的状态看，可以说德国的发展和重建比任何国家都要快，这正好跟当前日本经济发展比其他国家效率都要高是类似的。希特勒让国家飞速发展变为强国，然后以德国为中心征服周边国家。看到当时的样子，恐怕没有人觉得他会失败，就连他本人可能都没有想到。希特勒雄心勃勃地要按照自己的想法统治欧洲。现在的日本，经济复兴的速度超过世界上其他国家，而希特勒重建德国的时候，情况可能比现在的日本还要好上几倍。按照当时的情况，确实存在希特勒将统治扩展至整个欧洲这种可能性，估计希特勒本人也是这么认为的。但是，事情并没有向这个方向发展，后来他遇到激烈的抵抗，最终以惨败结束，这也是大家都知道的史实。

我觉得，希特勒在重建德国之后应该考虑如何跟各国共存共荣，这其实有很多工作需要做。首先就是重新审视自己的世界观和人生观，但是他当时并没有这么做，没有像常说的那样做成一件事之后首先对其进行反思。既得陇复望蜀可以说就是希特勒当时的真实写照。

日本重建成功取得飞速发展，对于我们日本人，对于我们产业界都是值得夸耀的事情。但是，仅靠这样的荣耀就想着再得到今后的更大发展其实是非常错误的。既然已经走到了现在的程度，就需要慢慢重新加以思考。将之前积累的力量和取得成功的原因重新加以咀嚼，使其转变为真正的血肉，使其成为身体的一部分，积攒新的力量。因此，需要各行业团结一致，政府设法提高政治效率，城市设法提高城市的经济活动效率，各家公司提高公司的生产效率。

但是，看到现在日本的状态，不知道大家作何感想，每个行业都存在恶性竞争。整个经济界，口口声声喊着要团结一致，事实上却四分五裂。就算是一家公司，内部也做不到劳资一体化，劳资对立问题随处可见。如果像当年希特勒一样想着用这样的做法重建了德国就可以同样轻松地统一欧洲，觉得现在日本经济一帆风顺那么今后也可以续写辉煌，那就大错特错了。所以，在这个时刻，我们产业界人士应该放慢脚步，重新思考，携手合作，真正和平共存，以实现共存共荣，在此基础上应对今后的变化。

员工的真正使命

如今青少年犯罪不断增加,为什么青少年会犯罪呢?据《犯罪白皮书》数据,日本青少年犯罪率为英国的13倍,与同为战败国的联邦德国相比也达到了其4倍。这样的情况,想必大家通过看报纸也能有所了解。不知道各位看到这样的数字会作何感想。

我认为这是一个非常严重的政治问题,也属于教育问题。我认为不同时期、不同国家的犯罪数量有二三成的差别,这尚可接受。但是,国与国之间犯罪率居然相差13倍,这恐怕放眼全世界都没有过先例。如果是战争刚结束时的混乱时期尚情有可原,但现在经济发展到如此程度,衣食渐渐得到满足,犯罪数量却不断增加,这究竟是怎么回事。我觉得这个问题值得深思。

虽然体现犯罪不断增加的数据被公开了,但是人们却没有对此进行讨论。即使讨论也仅限于新闻媒体报道，说这是个大问题、这样不行、这是成年人的责任，等等，关于成年人该如何思考这个问题并没有得到研究，新闻媒体的报道也只是读完就被抛到脑后。

在社会秩序这么不稳定的状态下，真的能做到提高生产效率、生产出优质产品并以合适的价格销售到国外吗？即使我们产业界拼命工作，只要这种非生产性的事情发生，就会将我们的努力全部抵消。因此，我真心觉得现在的成年人应该充分负起成年人的责任，全心全意做好青少年的指导工作。只有这样，日本才能成为世界的典范，在各方面做出应有的贡献，这也是我们产业界人士的使命，是作为一位国民的使命，也是人类共通的使命。

大阪府技能竞技大会
于每日大厅
1963 年 2 月

作者寄语

掌握工作的诀窍

人们经常说,人生于世间都会经历各种辛苦,我在小时候更是经常听到这句话。前辈教给后辈的第一条就是要学会吃苦,不吃苦就无法成长为独当一面的人才。从孩提时代到青年时代,我经常从前辈那里听到这样的话。当时,大部分人都只是素直地予以接受。因为是前辈所说的话,又是地位较高的人通过自身体验总结而来的,虽然只是一知半解,但也觉得应该是有道理的。听到前辈这么说,工作一天的辛劳和痛苦会被忘到脑后。

在滴水成冰的隆冬时节,用抹布打扫卫生是一件非常辛苦的工作。但是,一想到前辈曾经说过这样的辛苦是走向成功的必经之路，就可以坚持下来。正因为能坚持下来，所以这种经历才能转化为自身成功的因素。这样一来痛苦会减轻，辛苦也会减少。辛苦最终会转变成希望。哪怕是一项简单的打扫卫生的工作，也自然就能掌握其中的诀窍。哪怕是抹布的拧法也是非常关键的，因为这将决定能不能做好擦拭打扫的工作。

如果做更难的工作，其中诀窍的难度要大大超过如何拧抹布。想要掌握其中的诀窍，绝对不会是一项简单的任务，需要投入相当的精力。这也算得上是一种辛苦。但是，因为从青少年时期就反复听前辈教导，不经历一番辛苦就无法成为独当一面的人才，这样的辛苦也就不再是一种痛苦，而会转变成希望。这样一来，也就可以投入更多精力来学习其中的诀窍。这也是学习技术和技能时的一个心态问题。

用人的痛苦之处

地位提高也意味着会有部下。以前都是听从上司的安排："你去做××，做××。"

"好的，我来做。"

如果上司为人还不错的话，身为下属，实际上处于一种比较舒服的受保护状态。升职后位置发生了变化，轮到自己来给部下安排工作。但是，部下并不一定能按照你想象的来行动，也不一定能像你以前那样对上级言听计从。当然也有人能做到这种程度，但是一定也有部下做不到。经过刻苦学习、付出一番努力之后终于得到认可，地位得到提升，手下有了几名部下，成为领导之后才会发现，当领导是一件非常辛苦的差事。

当了领导之后，会为部下考虑做什么对他好而去指导他，但他本人却可能逆道而行。事态还有可能发展为:"主任这次太过分了,老是挑剔找事,把人当傻子一样。工会运动的时候,我一定让他吃不了兜着走。"这样的事也不是完全不存在,是很有可能发生的。地位提升,尝试用人后才第一次发现当领导有多难。

以前有句老话说"用人是件苦差事"。让别人为自己做事,绝不是件轻松的事情,真要让别人为自己干点什么,跟受罪没什么区别,那可是真正的苦差事。但是如果能不抱怨忍下去的话,就能够感受到喜悦,感受到那种用人得当后真正的成就感。

第五章 对年轻人的期望

突破困难境地

今天会场的所在地叫伏见，在三百多年前，那位有名的太阁丰臣秀吉曾在附近筑城并居住过一段时间。大家可能跟我们小时候不一样，没读过评书，我们小时候经常在评书中读到太阁丰臣秀吉的故事。秀吉虽然生于普通的百姓之家，但是并没有因为出身低下而自暴自弃。尽管遇到过非常困难的境遇，但是不放弃希望，对未来充满期待。尽管生活悲惨一些，但是他内心从没有过一丝阴暗，在生活中永远是一副快活、充满朝气的样子，后来逐步发展，终于将日本统一。统一日本可不是一件容易的事情，但这一伟业却被秀吉完成了。我们小时候虽然知道自己无法成为像秀吉那样的英雄，但是他确实是我们青少年时期极崇拜的对象。

我不清楚大家对秀吉的事情知晓多少，但应该

第五章　对年轻人的期望

从杂志或者其他地方或多或少有所了解，对与他同时代的织田信长和德川家康这些声名赫赫的人物也应该略知一二。不论是哪个时代，都会有几位这类出身贫寒却最终治国平天下或者完成类似伟业的英雄人物。在这样凤毛麟角的人物中，太阁更是其中的代表性人物。

专心做好一件事情

那么，为什么秀吉会如此杰出呢，或者说为什么他能完成那么了不起的事业呢？当然缘于他本人拥有的许多特质。我想列举其中一点与大家分享。首先，从少年时代一直到中年，在我的感觉中，太阁一直都是非常开朗的，不会因为一点小事而发牢骚。这也是他能赢得众人好感的一个重要原因。此外，我对太阁印象最深的一件事情是，他侍奉织田信长的时候，最开始是为信长拿草鞋，后来为信长养马，是从当时最底层的工作开始做起的。但是，就是对这些基础的工作，秀吉也没有抱怨，反而因为有了工作而充满感激之情。跟工作的辛苦相比，他更多感受到的是有了工作的强烈欣喜。所以，开朗的性格加上工作的欣喜之情，让他更加勤奋。其中一件事情便是最好的证明。

第五章　对年轻人的期望

当时秀吉曾担任养马官，其实就是为织田信长看管马匹，按照一定的量给马喂草料。按照当时的做法，其实每匹马都吃不到足够的草料。或者说，当时的草料虽然有一定的量，但是还达不到让马吃饱的程度。于是秀吉把自己的俸禄匀出一部分用来购买胡萝卜给马吃。

按照一般人的想法，觉得完全没有必要做到这种程度，但是为什么秀吉却做到了？有人觉得是为了出人头地或者为了得到表扬，但是我并不这么认为。我想秀吉一经做了养马官，便对这一职位产生了感情，觉得马是自己的心头宝贝。因为想把马养得更好，所以才会匀出自己的工资给马买饲料。

一般情况下，很少有人能做到这样的事情，就算是在当时也没有人这么做。大部分人恐怕与此相反，收到马的草料后会私藏一部分到自己的腰包，而不会像秀吉那样。所以，这样的工作态度，在当时叫奉公态度，肯定会非常显眼，也会令人钦佩。

当时周围的人一定也都会感觉到。有人做到这样的程度，说不定反而会遭到同僚的憎恶。但是，并非所有人都对秀吉感到憎恶，一定也有很多人对秀吉的诚意表示了认可。

如果对一份工作，即便匀出部分俸禄也要全身心投入做好，这样一定会有成果。当时秀吉已经娶妻成立家庭，他的妻子看到秀吉的这些举动之后非常不满。这是很正常的反应，妻子可能觉得他不爱自己。虽然我觉得秀吉还是很爱妻子的，但他没有从自己的俸禄里给妻子买过哪怕一件和服。不但如此，在贫困交加的情况下还要买胡萝卜给马吃，在妻子看来简直不可理喻。如果自己生活不错，且还有富余的话，给马买吃的也没问题，但是自己贫困潦倒却还要把马放在比自己更高的位置上的话就无法原谅了。秀吉的妻子无法忍受而逃回了娘家，秀吉最终因此被妻子厌弃。

后来，秀吉又娶了另外一位妻子，也就是跟秀吉共度一生后来被称为北政所的贤夫人。就连秀吉这样的人物，也曾有过被女性嫌弃的时候，想一想也是颇有意思的一件事。所以，我们即使被一两位女性嫌弃，也没有必要悲观。只要想到就连秀吉都曾被嫌弃过，我们就算是被嫌弃也是理所当然的事情。不知道各位的夫人都是什么样的性格，有可能目前还在单身的人比较多，大家姑且把这些话当作参考听一听就可以。

员工必修课

洞察对方的性格

秀吉在经过这样一段艰苦的处境后,逐渐受到赏识,最终成为大名,然后成了最受织田信长信赖的实力强大的大名。正如大家所熟知的,织田信长是秀吉的主人,他从尾张这一小国起步,到最后几乎就要完成平定天下的大业。就在即将成功的时候,织田信长被与秀吉同为大名的下属明智光秀杀害于本能寺。秀吉闻讯从中国地区①疾驰赶往京都为信长报仇,明智光秀仅当了三天的天下之主。

那么,明智光秀是一个穷凶极恶的人吗?按照当时的道德标准,对父母和君上必须毕恭毕敬。尽管如此,光秀却将那个时代的道义抛诸脑后,杀害

---

① 在日本称为"中国地方",是日本本州岛西部地区的统称,包含鸟取县、岛根县、冈山县、广岛县、山口县5县。——编者注

第五章　对年轻人的期望

了君上。现在冷静地思考一下，好像光秀也不是那么穷凶极恶。但为什么他又做出了那样的行为，或许其中还有值得我们研究之处。

秀吉和光秀二人同为信长的家臣，同样都实现了出人头地，取得了不凡成就，成了俸禄五十多万石的大名，在大名之中他们二人也是不相上下的领头人物。所以，光秀对信长是忠心耿耿且曾立下过汗马功劳的人物。当然秀吉也是如此，但是到最后光秀却受到了信长的嫌弃。信长这个人性格异常粗暴，虽然他拥有非常强有力的一面，但是也有着性格粗暴的缺点。光秀与信长最后兵戎相见，但是秀吉却自始至终为信长所宠幸。这到底是什么原因呢？

对此，我想跟各位分享一些自己的感想。据说跟秀吉相比，光秀是非常有学问且非常爱学习、守规矩的人，换句话说就是不怎么懂变通的人。此外，光秀的性格中恐怕还有强烈的正义感。所以，在豁达和胸襟开阔方面可能会有所欠缺。这样的两个人，对自己的君上信长又是怎样的态度呢？秀吉会想我的主上是非常伟大的人物，所以我只需要与他的想法素直地产生共鸣就可以。无论是谁，听到别人说自己伟大的话，恐怕都不会生气。

"是吗？我有那么伟大吗？"

"千真万确。"

"哈哈，喝酒。"

这大概是他们的日常对话。

然而光秀这个人呢，也不是不懂这些人情世故，但是按照光秀的性格，看到君上信长眼看就要平定天下，以前靠武力和策略爬到了这么高的地位，眼看马上就能当上将军，所以今后需要以德服人，需要仁德和仁慈。这对今后的信长是非常重要的。而向信长进谏这些忠言才是真正的为臣之道，光秀也按照自己的这种想法予以实践。

所以，光秀向信长进谏："您已经取得了这么多的成功，眼看就要将天下收入囊中。所以请不要再像以前一样对自己的家臣拳打脚踢，应该稳重一些。这样也为您增加仁德之名。"

如果信长是那种从谏如流的人,这么说一点问题都不会有。但是,按照信长的性格,他只会说:"不要狂妄自大,居然敢自以为是地向我提意见,不要忘了是谁让你坐上五十万石大名的位子的。"信长会觉得光秀说什么仁德简直就是聒噪之词,逐渐开始疏远光秀。而在光秀看来,信长跟自己的想法完全是背道而驰,自己完全没有侮辱信长的念头,只不过是想让信长做得更加完美,更早平定天下,给天下万民带来幸福。但是,事与愿违,他却触到了信长的逆鳞。这就是非常值得玩味的地方,进忠言却被责骂,相反秀吉却不会说这样的话。这就是光秀和秀吉的不同之处。

光秀也并没有做错什么。即便如此,跟信长说这些事情也没有用处,因为正是信长的粗暴性格帮助他走到即将统一日本的地步。如果他像普通人一样听到谏言就接受的话,恐怕终其一生也只是尾张小国的君主。但是,信长的性格刚毅豁达,对这些一本正经的意见，说不定早已经了然于心。

秀吉对信长这样的性格，早已经洞察熟知。无论对信长说什么话，他都听不进去。倒不如什么事情都依着他更好，这样的方式更适合信长的性格。正因为适合他的性格，所以信长才能更好地发挥他的力量，走到即将统一日本的地步。而自己就是为了这一大业而存在的，所以与其标榜所谓的忠义，不如成为信长的左膀右臂为他效力。秀吉的想法就是与其提无法实现的意见，不如全心全意地为上司工作。我觉得这正是秀吉了不起的地方，他可以洞察对方来对事物做出判断。而光秀是守规矩的好人，他向信长提意见也是正确的为臣之道，但是错在没有洞察到信长的本质，仅仅按照一般常识来决定事物。

第五章　对年轻人的期望

织田信长的过人之处

人和人的相貌，只要看一下各自的脸就能知道其实都是鼻子长在脸的正中间，没有太大的差异。但是，每一个人的样子又都不一样。人的脸就那么小一块地方，长了嘴巴、耳朵等，而且位置还差不多，但是每张脸又都是不一样的。如果都一样的话，就麻烦了，恐怕到时候连自己的夫人或先生都会弄混。实际上每个人都是不同的，就像每个人的脸各不相同一样，用肉眼都能看出各自的区别，更不要说人内心的想法了，更是千差万别，没有一个是相同的。所以，很难用一般常识来要求所有人。看待事物的角度不同，得出的结论也不同。信长可能有很多缺点，但是这些缺点也正是他的长处，帮助他立下了很多丰功伟绩。

其中让我觉得最有意思的就是有名的桶狭间之

战。今川义元为了攻占京都，从骏府出兵一直攻打到了桶狭间。当时信长召开军事会议商议是出兵迎战还是坚守城池，家老和大臣纷纷表示面对今川的两万大军，迎战毫无胜算，己方只有两千军队，最好是坚守避战，再伺机而动，说不定还会有意想不到的援军前来。老臣和经验丰富的家臣都表示天下形势未定，所以最好等待时机。但是，年轻的信长在默不作声地听完下属的意见后直接表态"我反对"。虽然下属们表示只有坚守一条路，但是信长却不这么认为，还说："这样的话，你们就在这里守城吧。我不愿坐以待毙。反正都是一死，不如痛痛快快地战死。我一人前往就行，你们好好看着。"说完这些，信长跨上马飞驰而去。

既然事已至此，按照当时的道德标准，大家还是得跟随君上行动。谏言不被听取的话也没有办法，只能跟着君上一起行动，所以一部分人跟随信长一起出战。像信长这种不管有没有下属跟来，只身一人也要战斗的做法，可以说非常极端而且鲁莽，但是出战后最终赢得了这场战斗。信长最令人觉得恐怖的地方就是他的战法几乎无法用常识来判断。面对两万大军，居然敢只身一人前去迎战。虽然后来有家臣觉得不能让君上一人战斗而跟来了几百人，但是信长却是真的打算只身迎战。不知是上天眷顾还是冥冥之中自有安排，当时雷雨大作，信长出阵之后迎头遇到了今川义元的大本营，他带着随后赶来的将士直接冲击敌方大本营一战而胜。

桶狭间之战中的情形，估计在以前的战场上都没有出现过。主将一人出战，带着不得已而跟来的为数不多的部下，甚至没有作战计划，居然转眼之间就将两万大军的主帅斩于马下。主帅被消灭后，剩下的军队群龙无首、毫无战意，只能四散而逃。这就是信长曾经做出的事情，从这件事可以看出信长绝非普通人，甚至可以说是怪人。但是，正是这样的信长，他身不畏死，坚持与其坐而待毙不如像真正的武士一样战死的信念。正因为抱着这样的信念，信长才得以起死回生，获得意想不到的大胜。

见人说法

可以说，信长的成功缘于他异于常人的性格。考虑到他的这种性格，就可以知道即使给他提意见，也很难被听进去。给他提出意见，反而会让他生气。光秀没有弄明白的事情就是，与其提意见不如全力帮助他发挥自己的长处，这才是正确的做法。而秀吉却对此了然于心，这也是两个人的不同之处。

请问大家在对待自己的朋友时会采用哪种态度？是用跟光秀一样的态度好，还是用跟秀吉一样的态度好？我觉得两种态度都有其合理性，具体采用哪种，还要取决于对方是什么样的性格。有的人就需要采用光秀的做法，有的人就需要采用秀吉的做法，如何区分是最为关键的，为人处事之道正蕴含其中。所以，就连释迦牟尼都曾经说过要应机说法，不能对所有人都讲完全一样的事情。学校的老师按照教科书讲课，某种程度上会教给学生相同的东西，这是没有问题的。但是当超过一定程度后，给每个人讲的内容就会有所不同。

这是为了更好地塑造每个人的不同个性。每个人都拥有不同于他人的个性，应机说法就是为了更好地塑造这种个性。所以，针对拥有跟信长一样个性的人，秀吉的做法是为了塑造他的个性而全力配合，光秀的做法是要扼杀他的个性来让他做事情。这根本就不可能办到，上天赋予的个性，仅凭人力是很难改变的。我认为人们最好加以引导和培养，想要把某个人的特质加以改变是不现实的。

有句话叫"百人皆得其所"，其实说的就是让每个人都充分发挥自己的个性，换句话说也就是因材施用。只有因材施用，才能充分发挥每个人的个性和特性。这样每个人也才能真正活出自己的意义。光秀的做法没有发挥人的特性和个性，而是过于拘泥于某种形式。先画出一个范围，这样的事情才是正确的，这样的事情才符合道义，然后将人强塞到这个范围内，这就是光秀的做法。但是，秀吉就不会采用这样的做法。如果是喜欢吃寿司的人，就会让他吃寿司；如果是喜欢喝酒的人，就会让他去喝酒。如果硬让不喜欢吃寿司的吃寿司，那人家只会感到为难，秀吉不会做这样反着来的事情。当然，爱酒的人喝酒超过一定量也会带来危害，寿司吃得太多也会让胃难受，这一点需要加以提醒。但是，按照我的原则，还是需要互相配合，充分发挥各自的个性和特性。

充分发挥自己的资质才能

无论是在工作之中,还是与人交往过程中,我一直有这样一个想法。那就是,不管是个人的发展还是公司的发展,大到国家的发展,最重要的事情就是每个人都找出自己的资质才能,将自己的资质才能最大化。个人、公司、国家只有更好地做到这一点才能获得发展。作为国家的经营者也就是政治家,需要找到适合发挥自己资质才能的地方来服务国民,公司的经营者也需要找到适合发挥自己资质才能的地方来为员工服务。

那公司员工该怎么办呢,同样员工也需要自己找出适合自己资质才能的地方。比如,我有这样的特长,我喜欢这样的工作,所以在这家公司工作,我的个性和特性就会得到充分的认可,进而拼命去工作。即使没有真正拼命的意识,只要觉得工作有意思，喜欢工作，那自然而然就可以做到与拼命工作一样的程度。比如想到一个需要提出建议的地方，即使如此也不是谁提出建议都能被接受，有的时候可能并不会被接受。但是，只要是正确的建议，也会按照正常顺序予以通过。尽管如此，如果无视自己的个性，只想着自己做了这样的事情可以多拿工资，能升到什么级别，仅仅出于自己的欲望来进行判断，大多时候会与自己的资质才能背道而驰。这样就很难被人采用，即使采用最终也会归于失败。

正确认识自己方能成功

下面讲的是一个真实的故事。在很久之前,有一个我认识的人,他在某家公司里算得上是骨干人物。后来他被一家公司邀请去做社长。当时,这个人曾经征求朋友的意见。

"一家公司来跟我谈,问我要不要去做社长。"

朋友强烈建议他答应,对他说:

"是吗,你要去做社长?那太好了,我也感觉脸上有光彩。"

于是,他本人也觉得能当上社长是一桩好事,所以欣然前去赴任。没想到,一两年后这家公司开始经营不善,整个公司里也出现了一种要追究社长责任的氛围。最终他本人觉得必须辞职,于是辞去了社长之职。这件事情最终完全以失败告终。刚当上社长的时候,他本人觉得自己非常成功,朋友也觉得他走上了成功之路，自己的朋友当了社长，自己也脸上有光彩，还为他庆祝。但是仅仅两年左右，他就不得不辞去社长一职，公司的经营状况也日渐陷入僵局。

为什么会出现这种情况？很明显的就是他并不具备当社长的资质才能，所以做社长这件事情，最后才会归于失败。他还是应该像以前一样做公司的骨干干部，这样他本人会更幸福，对整个公司也更好。但是，他最开始时的想法并不是这样的，想着"区区一个社长我完全能够胜任"，盼望着成功欣然赴任。毕竟，就连他的朋友都建议他去做社长了。这是之前真实发生过的一件事。

即便得到朋友的建议和肯定，也应该知道自己的资质才能只适合当前的工作。当社长的话，可以说是世俗意义上的更大的成功，当然收入也会增加。但是，当社长必须承担社长的责任。能不能尽到社长的责任，取决于自己的资质才能。如果他当时能想到这一点，我觉得就可以避免后来的失败，但是他并没有想到这一步，仅靠一时的兴头做决定，最终导致了失败的结果。这样的事例，在社会上可谓比比皆是。

非常重要的一点就是对自己的个性、特性和资质才能有清醒的认知。这样的自我认知，在为人处世方面是最重要的。如果有正确的自我认知，那么他基本不会出现失败的情况。无论他人说什么样的恭维话，只要自己没有相应的资质才能，就不会动心，所以也就不会出现失败的情况。然后，对认为自己有资质才能的工作，就要拼命努力。即使这样的工作地位不高，或者得不到旁人的肯定，只要自己有相应的资质能力，就会感觉到生存价值。自然也就会带来比任何人都做得更好的结果。

我认为，每个人尤其是接下来要步入社会、开始工作的年轻人，必须对自己，特别是对自己的资质才能有正确的认识，并对自己和自己的资质才能抱有强大的信念。这才是我们所说的真正的成功。只要能做到这一步，不论个人的工作做成什么样，都可以好好地活下去。只要活下去，就可以通过工作为社会做贡献，也为自己做贡献。只要在这一问题上不犯错，就完全可以这么理解。

我认为丰臣秀吉在这个问题上非常清醒，他反复咀嚼真正的学问和真正的体验，并时刻关注真正的自我。而光秀只是掌握了一些死知识，以围棋做比喻的话，就好比是围棋的棋谱。光秀知道下棋的时候该怎么走，走哪一步最有利，但是他未能真正认清自己，因此遭到织田信长疏远。光秀想着自己这么勤勤恳恳地工作竟然遭到疏远，君上真是太过分了，于是最终走上弑君之路，身死魂灭。说这是因缘际会确实是因缘际会，说这是没有办法的事确实是没有办法的事。这样活生生的先例在将近四百年前就已经真实存在了，我们能做的就是以素直之心对两者进行比较研究，然后决定选择做光秀还是做秀吉。

无论选择做光秀还是选择做秀吉，都可以按照自己的想法来决定。如果大家问我选择做哪一个，

第五章　对年轻人的期望

我也不能一口咬定就是要选择秀吉的做法,但是无论如何还是觉得秀吉的做法更有利、更划算。但是,也不能完全跟秀吉一样。因为秀吉的做法,只有秀吉来做才最有效。天地之间,只有秀吉一人才可以那么做。

一味模仿别人不会成功

前一段时间，有个作家写了一本德川家康的传记。那本书在实业界相当受欢迎，很多搞经营的人在读那本传记。书中关于家康在什么时期用什么样的人，如何充分利用人才等情节，都是在做了翔实研究后写成的。因为对实业界颇有借鉴意义，所以中层干部们都在阅读这本书。甚至还有人向我推荐："你也真该读一读。"

于是我问他道："你为什么读这本书？"

"这本书还是很有帮助的。"

"这个，恐怕对我来说意义不大。"

"为什么意义不大呢？"

"因为书中写的都是只有家康才能做到的事情。家康之外的人，照搬家康的做法只会失败，所以我觉得没有必要读。但是，如果说是因为书写得有意

第五章　对年轻人的期望

思、能带来一些慰藉或者稍微做下参考这些原因的话，还可以一读。但是如果说是因为有帮助，所以要照搬家康的做法，那只会导致巨大的失败。我跟家康是不一样的，家康照搬我的做法一定会失败，我照搬家康的做法也一样不会成功。"

这一点对大家来说也是一样的，也同样非常重要。看见别人做什么事情成功了，那我也按照他的做法来办事，其实是很难复制别人的成功的。比如歌手A现在非常受欢迎，那我来模仿他，结果可想而知。因为A身上有着只赋予他一人的性格，也可以叫禀赋或素质。如果想着他能唱歌成功，我唱歌之外××地方比他厉害，然后选择自己的强项，那样才能成功。所以，当时的家康，作为武将或者管理者不管再怎么优秀，他跟我们也是不一样的。不能说照搬家康的做法对我们有帮助，所以为了模仿家康而读这本书。当然，如果只是稍微拿来做下参考，还是可以一读的。

虽然我的这番歪理被批评太没有礼貌，但那确确实实是我的真实想法。我其实并不是完全不听别人话的类型，作为一个极其素直的人，其实什么事情我都喜欢听别人的意见。因为一个人的智慧和学识是极其不可靠的，至少人仅靠自己是无法生活的。所以还需要更多人互相扶持组成社会，在共同生活的前提下才能享受到现在的便利。一个人无论如何都是做不到的。我们的生活就是，向大家请教，同时把自己所会交给大家，像这样互相扶持。一个人绝对没有办法做到，也不存在绝对意义上的独立。所以，即使有人说让我去读家康的传记，我也觉得不读是有一定道理的，但这也不代表什么事情都要自己闭门造车。我也同意无论做什么事情都需要借助他人的智慧。我的做法就是既听又不听，既不听又听，这就叫"融通无碍"。

第五章　对年轻人的期望

人各不相同

　　在这个世界上,做一件什么事情的时候,有很多人喜欢告诉别人怎样做是最好的,你也照这个来。这样的做法,我在一定程度上也赞成。但是,如果什么事情都坚持如此,而且没有转圜之处,就会导致大问题,也会让很多人难受。这样的人越强势,问题就越大,希特勒就是其中一个例子。希特勒在很短时间内让混乱不堪、濒临毁灭的德国重新崛起,实力跃居欧洲第一。有一段时间在日本,希特勒简直被奉为神明,如果到此为止的话,确实也能说是伟人。但是走到后来的地步,他无法摆脱欲望的控制,觉得仅仅德国一个国家还远远不够,不如让整个欧洲都臣服于自己。这就是第二次世界大战爆发的原因,到这里其实就已经注定了他的失败。

这么来看的话，确实不能过于坚持自己的想法并强加于人。到最后，越是强势就会导致越多的弊病。希特勒就是一个非常典型的例子。一定程度上做出建议是没有问题的，但是所有的事情都有一定的限度。因为人各不相同，如果所有人都一样，那就变成了同一个人。将三个铁块熔化，可以将它们变成一个铁块，因为铁块是同样的东西。而人是不一样的，人不会熔合成同一个人。每个人都有自己的个性，只能通过相互理解来拉近距离。

人与人之间，我们应该认可对方的全部个性，拉近彼此的距离。在今天的民主社会中，像山贼头领那样"敢有意见就杀了你，乖乖给我听话"的做法早已经行不通。大家在自己的想法不被扼杀，自己的个性得到充分发挥的前提下互相合作，我认为这是民主主义的真谛。

以前每次成立什么团体的时候，都是带头人说"不听我的话就把你杀掉"，而大家都老老实实听头目的话。这样的做法，跟民主主义完全背道而驰，在现在的时代是不应该存在的。但是,这样的情况并非已经完全不复存在,其中很典型的例子就是希特勒,在德国曾经发生了大量的死亡事件。这样的事情带来的后果,无论什么时代都是相似的。

我们应该充分尊重人的伟大性,依靠一两个人的智慧和才能来改变世界的想法是不现实的。只有互相团结,在尊重个性、尊重自我的前提下共同生活,才是真正的民主主义。

不拘泥于利害得失

对于这一点，当今的年轻人是否真正理解，我还是有一点不安。如果人与人之间真正做到了互相尊重，就不会出现强制性地让所有人跟随一个人的意见来行动的情形。这样的事情是封建时代的做法，已经不再适用于现在的时代。尽管如此，仍然还有通过操纵所谓的理论来做这种事情的地方。这必然会引起各种弊病，阻碍社会发展。这些情况仍需我们加以认真思考。

今天主要讲的是针对各位年轻人的期望和期待。其实我也说不清楚我对大家有什么样的期望，因为我到现在也尚未拥有明确的人生观，所以也就没有资格要求各位必须这样或者那样做。但是，如果什么都不说的话，我今天站在这里也就没有什么意义了。那我就向大家提一个要求，那就是要养成

第五章　对年轻人的期望

不拘泥于利害得失的宽广胸怀。我也经常这么对自己说，你绝对不要拘泥于利害得失。

或许有人会说，你老说不要拘泥于利害得失，可是你不也赚了那么多钱吗？但是，那些都是自然而然赚到的钱，本来钱这个东西也不是因为有赚钱的想法就能赚到的。最想赚钱的人应该非小偷莫属了，但是他也不能想着赚钱就能赚到钱。石川五右卫门应该算是小偷里的名人了，他最后不也失败了嘛。所以说，钱不是光有赚钱的想法就能赚到的。但是，自然而然就能赚到的钱那也只能却之不恭。那为什么我能赚到钱呢？因为我拼命工作，对自己的工作足够忠诚。比如我在制造东西的时候，不是想着这个东西做出来能赚多少钱，首先想的是这个东西制作出来可以让大家高兴，想着制作什么样的东西可以受到女性顾客的欢迎。

前一段时间，苏联政要米高扬到松下电器考察，我们边用餐边交流了两个半小时。其间，米高扬说到了人民解放的话题。我说道："我做出了解放妇女的工作。"

"为什么说你做出了解放妇女的工作？"

"我造出了各种家用电器并将其普及。现在，日本的妇女因此增加了可以游玩的时间，增加了享受自己爱好的时间，增加了读书的时间。这不正是妇女解放吗？"

听了我的解释，米高扬用力握紧我的手，说我虽然是资本家却很了不起。不管怎样，最终我在米高扬面前也算是进行了平等交流。最后，米高扬在回国前的记者招待会上留下一句"来到日本，给我印象最深的人就是松下"。这也是后来我才听说的。

这也是一件真实发生过的故事。但是，要问我是不是真的为了解放妇女而开始这样的生意，很显然并不是。讲真心话，最开始仅仅是为了生计而制作这些产品。因为家里很穷，必须工作才能养家糊口，但是身体又不好没办法在公司里工作。因为在公司工作都是日工资，只要不能上班就没有饭吃。所以就想着无论如何都要做生意，就算偶尔休息几天，也可以让老婆工作，多少能有些收入。一开始就是只有这么小小的期望。这就是走上做生意这条路的最初原因。等开始做生意了，就发现必须服务好客户。虽然是一条最基本的要求，但是必须服务好客户，诚信待客，不能追求暴利，当然也不能赔钱做生意，只拿合适的利润。经过一点点的积累，工作范围也越来越大。然后就发展到了我所说的解放妇女的行业领域。

打磨自己的天分

最开始时的我和现在的我是不一样的。现在我或多或少被人称作成功人士，但最开始的时候其实我是非常平凡的，也完全没有成为有钱人或者大企业家的想法。再加上我体弱多病，就更没有过什么远大理想。我最初的出发点仅仅就是想做些小生意，以保证每天都能吃到饭，就算偶尔休息几天积蓄也不会很快用光。可以说是极其平凡的起点。

当我迈出第一步后，第二步也还是抱着同样平凡的想法，既然做生意就必须做到诚信待客。这就跟在公司工作的上班族必须勤奋工作的想法是一模一样的。就这样，接下来走出了第三步、第四步、第五步，一直走到第十步，这时公司里已经有了不少员工。

考虑到事关这么多人的未来，所以公司事业并

第五章 对年轻人的期望

不能说是仅为了我自己而存在的，也是为了每一位员工。也不仅仅是为公司员工，还是为了整个社会和国家。这样来看，我们这小小的生意，也可以说是一种公共服务。尽管从法律角度来看，公司是属于个人的，但其本质其实算是一个公共机构。这是我开始做生意后第十三年左右才开始领悟到的。

在那之前，我一直觉得所作的工作就是普普通通的生意。但是，从我有这种领悟开始，一种使命感油然而生，自己生存的意义就是为这样的使命而奉献生命。怀着这样的信念工作，也给我注入了无穷的力量。于是，客户越来越多，因为货品畅销，就必须增加产量，到最后一直发展壮大。

之所以能从最初平平无奇的小生意发展到今天这个程度，我认为其中一个原因在于我顺势而为。古代有句成语叫"尽人事听天命"，每个人只要能发现自己的资质才能，是适合做乌冬面店，还是适合做电器商，或者适合做工薪族处理事务性工作，那么他的天分就可以得到充分的发挥。如果他的命运是得到天下，那么一定就可以平定天下。即使不是能够得到天下的人，也可以让他的天命在同样的道路上得以发挥。这是我根据亲身体验而感受到的一种心境。

现在大家所从事的工作，不好说是不是都与各位的资质才能相符。但是，只要有一定程度的资质才能，就可以得到录用。而且大家也都是自愿申请的，如果没有意向，也就不会参加招聘考试了。所以大家应该也都是觉得自己有着相应的资质才能。而且负责考试的人，通过各种考察予以录用，也说明按照他的判断，各位也在一定程度上具备社员的资质才能。所以，虽然不敢说百分百符合，但是毫无疑问可以说在一定程度上是符合资质才能要求的。所以，不管将来如何发展，至少在现阶段，只要各位发挥自己的资质才能，尽心尽力投入工作，各自的天分一定能得到充分的体现。

这些都是根据我的亲身体验而得到的感受。虽然不敢说绝对正确，但如果我有孩子或弟弟的话，我都会诚恳地将自己的亲身体验与他们分享,告诉他们我是这么做的,当然你完全可以有自己的想法。但只要我的话中有一定的真理,你多少也产生了一些共鸣的话,可以按照我的做法来试一下。跟大家,我想说的也是一样。只要你能感受到自己的生存意义、感受到自己的资质才能、感受到工作的喜悦,就一定能取得作为员工的成果。同样,也一定给周围的人带来快乐,自己也从中得到安慰与鼓励。

珍惜青春

现在，如果对年轻人说要有勇气，我认为能够怀揣这样的心态就是最大的勇气。虽然我也没有办法轻易做到这些事情。因为不时会有各种诱惑，还会有各种不和谐的声音。所以，想要自始至终坚持下去也是非常困难的。但正因如此，想要自始至终地坚持，就需要年轻人的真正热情、年轻人的坚定信念和勇气，当前这个时代，没有信念、没有勇气的年轻人，毫不客气地说就像是画在纸上的饼一样毫无用处。为什么这么说呢？因为画在纸上的大饼，光看着令人垂涎欲滴，却不能食用，无法让人充饥。这样的人，即便给他工作机会，也做不出理想的成绩。

各位都是备受社会期待的人才，也是大有可为的年轻人。前几天我刚出席了大阪市的成人仪式。

第五章　对年轻人的期望

朝日大楼的节日大厅内会聚了3000名前来参加成人仪式的年轻人。我站在舞台上一眼望过去，全都是生机勃勃的面孔。当时我心中浮现的念头只有一个，那就是异常羡慕。如果可以的话，真想再回到这样年轻的时代。但是，这是不可能的，就算花一百万日元、一亿日元也买不到。这就是我刚才说感到羡慕的原因。看到大家的面孔，不由得产生羡慕的想法。哪怕是抛弃一切都想要回到跟大家一样年轻的时代。也可以说，大家都是如此令人羡慕的年轻人。这是我现在最真实的想法。跟他们一样，今天的各位也都是年轻人。所以请务必珍惜现在的年轻，努力成为受公司和社会所期待的样子。同样，大家也能从这里找到自己安身立命之所。

邮政省近畿管区长期训练生研修会
于京都邮政研究所
1963年2月

作者寄语

真正认识自己

有一句话叫作百人皆得其所，其实说的就是让每个人都充分发挥自己的个性。换句话说也就是因材施用。只有因材施用，才能充分发挥每个人的个性和特性。这样每个人也才能真正活出自己的意义。所以，我觉得互相配合充分发挥各自的个性和特性是一件非常重要的事情。

还有非常重要的一点就是对自己的个性、特性和资质才能有什么样的认知。这样的自我认知，在为人处世方面是最重要的。

如果能有正确的自我认知，那么他就绝对不会出现失败的情况。无论他人说什么样的恭维话，只要自己没有必要的资质才能，就不会动心。所以也就不会出现失败的情况。

然后，对认为自己有资质才能的工作，就要拼命努力。即使这样的工作地位不高，或者得不到旁人的肯定，只要自己有相应的资质能力，就会感觉到生存价值，也会比任何人都做得更好。

我认为，每一个人尤其是接下来要步入社会开始工作的年轻人，必须对自己的资质才能和自我拥有深刻的认识。其次就是对自己的资质才能和自我抱有强大的信念。这才是我们所说的真正的成功。只要能做到这一步，不论个人的工作做成什么样，都可以好好地活下去。只要活下去，就可以通过工作来为社会做出贡献，也为自己做出贡献。只要在这一问题上不犯错，就完全可以这么来理解。

从最平凡的地方开始做起

我开始做生意的初衷是为了能养家糊口，因为家庭贫困必须出来工作挣钱，而且体弱多病也不能在公司工作。因为在公司工作都是日工资，只要不能上班就没有饭吃。所以就想着无论如何都要做生意，就算偶尔休息几天，也可以让老婆工作，多少能有些收入。一开始就是只有这么小小的期望。这就是走上做生意这条路的最初原因。

最开始的时候，我也完全没有成为有钱人或者大企业家的想法。再加上我体弱多病，就更没有过什么远大理想。我最初的出发点也仅仅就是想做些小生意，以保证每天都能吃到饭，就算偶尔休息几天，积蓄也不会很快用光。可以说是极其平凡的起点。

当我迈出了第一步后，第二步也还是抱着同样

第五章 对年轻人的期望

平凡的想法，既然做生意就必须做到诚信待客。这就跟在公司工作的上班族必须勤奋工作的想法是一模一样的。就这样，接下来走出了第三步、第四步、第五步，一直走到了第十步，这时公司里已经有了不少员工。

考虑到事关这么多人的未来，所以公司事业并不能说是仅为了我自己而存在的，也是为了每一位员工。也不仅仅是为公司员工，也是为了整个社会和国家。这样来看，我们这小小的生意，也可以说是一种公共服务。尽管从法律角度来看，公司是属于个人的，但其本质其实算是一个公共服务机构。这是我开始做生意后第十三年左右才开始感受到的。

本书日文版由PHP研究所于1974年10月出版发行。